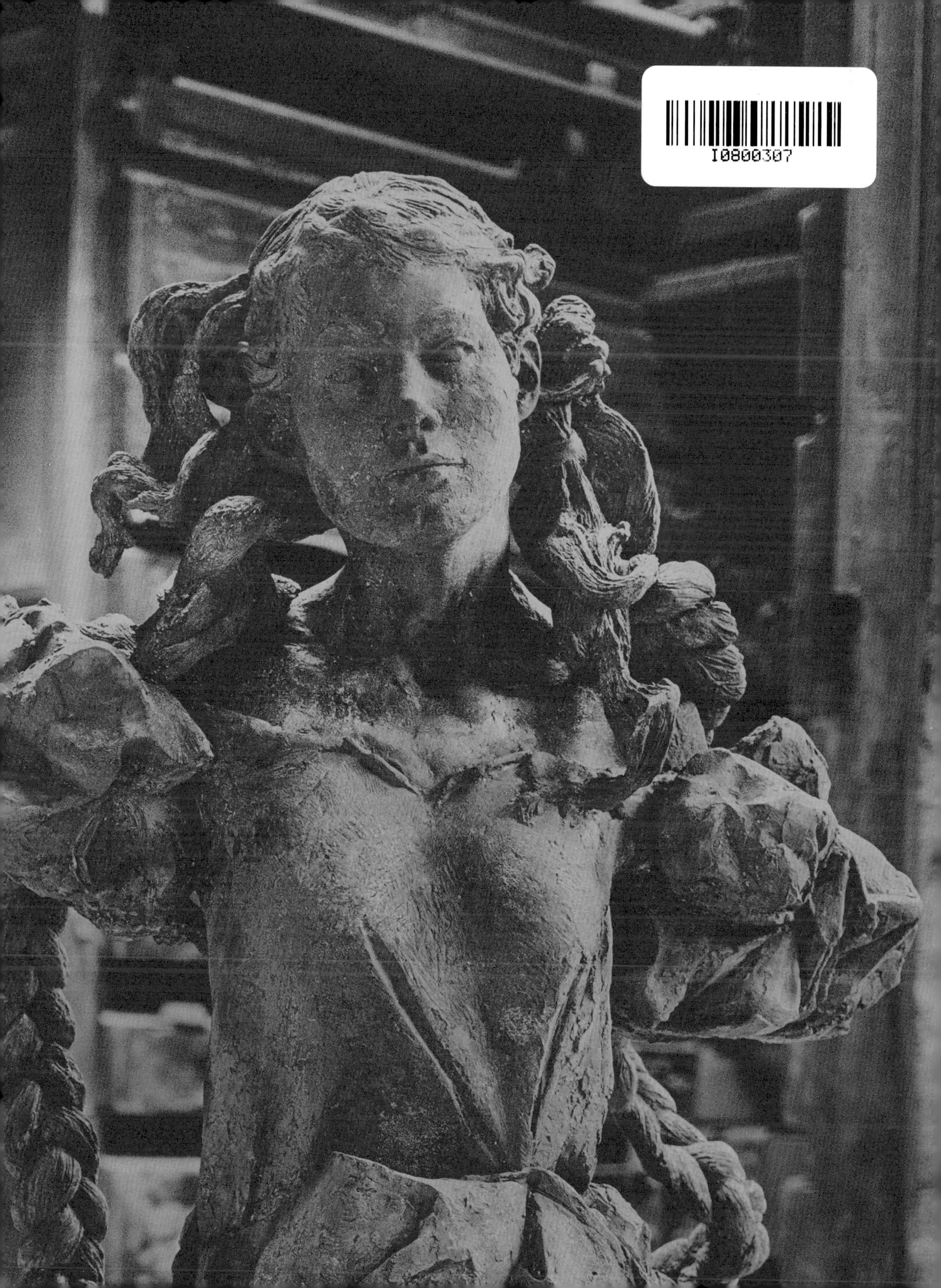

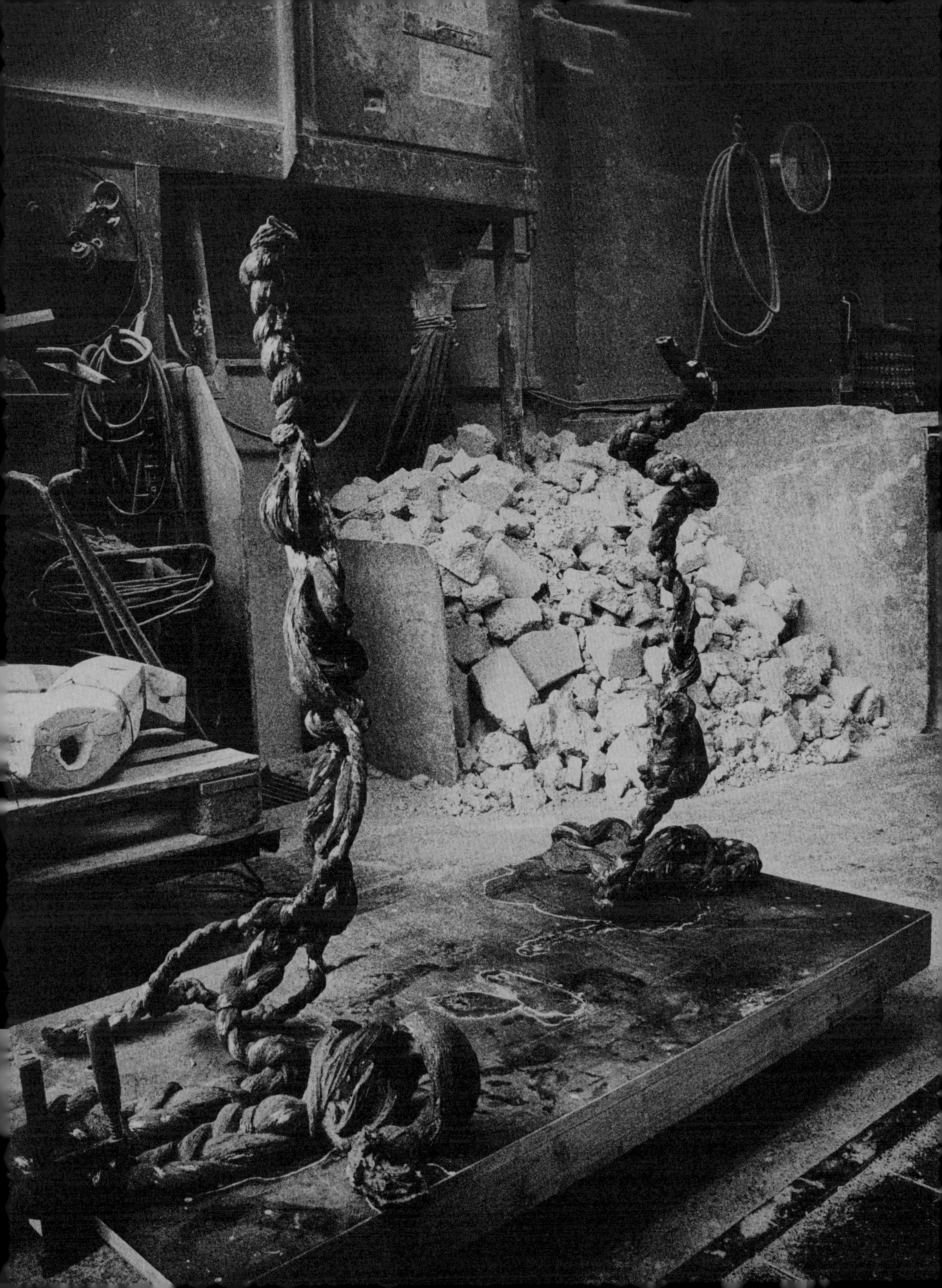

ELKE HÄRTEL

RAPUNZEL

ELKE HÄRTEL
RAPUNZEL

GENESE EINER SKULPTUR . GENESIS OF A SCULPTURE

Petra Giloy-Hirtz

HIRMER

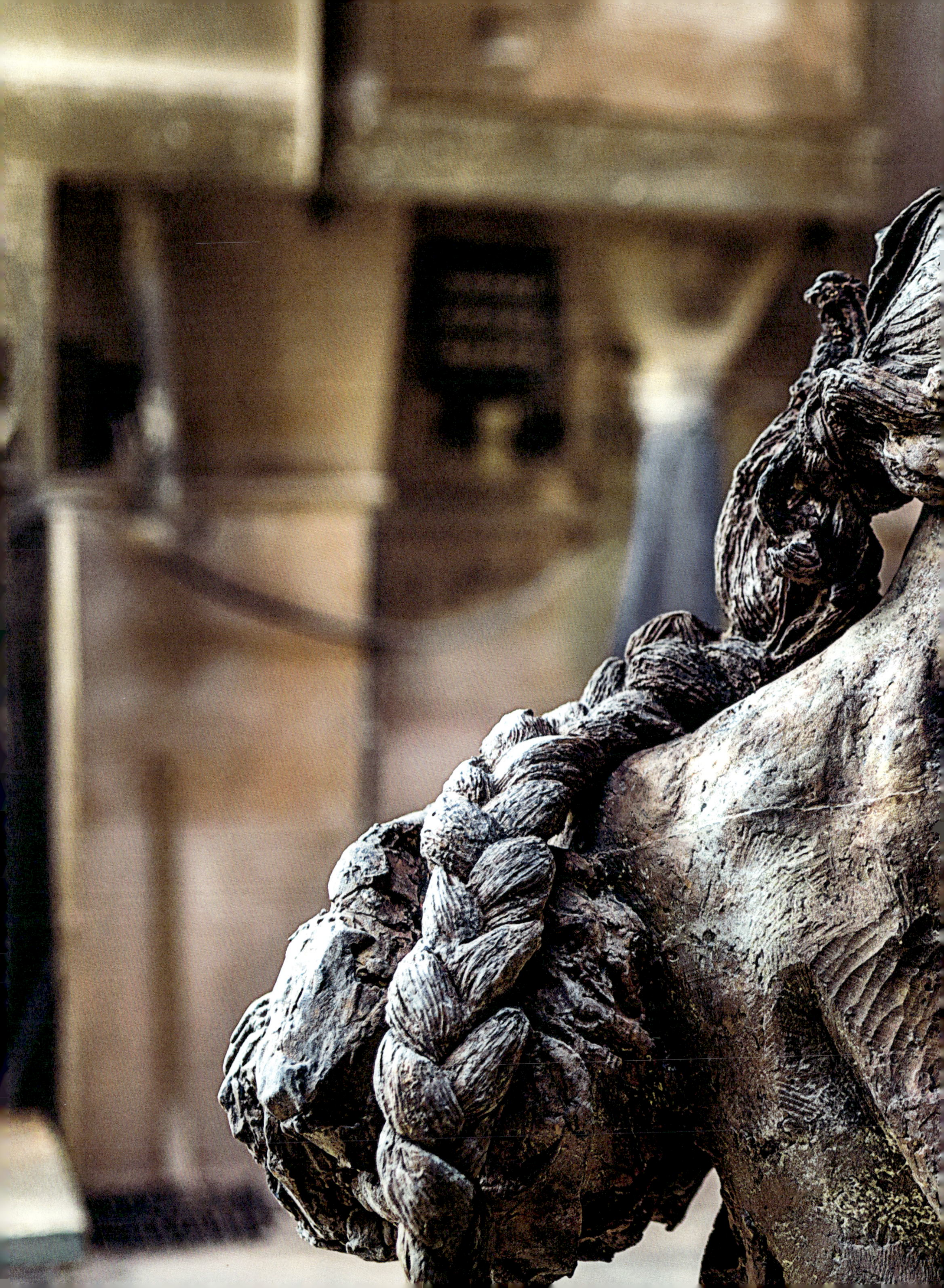

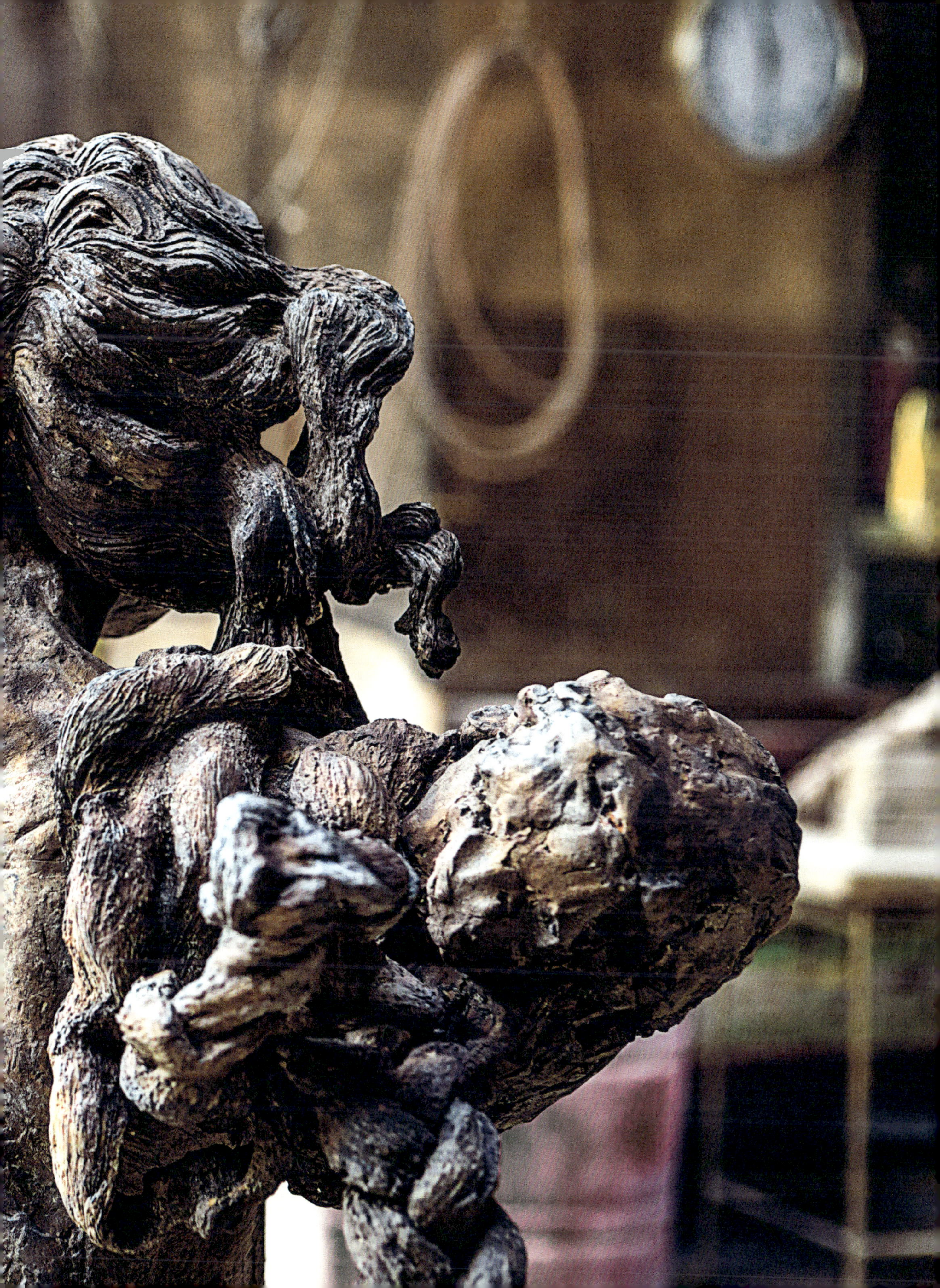

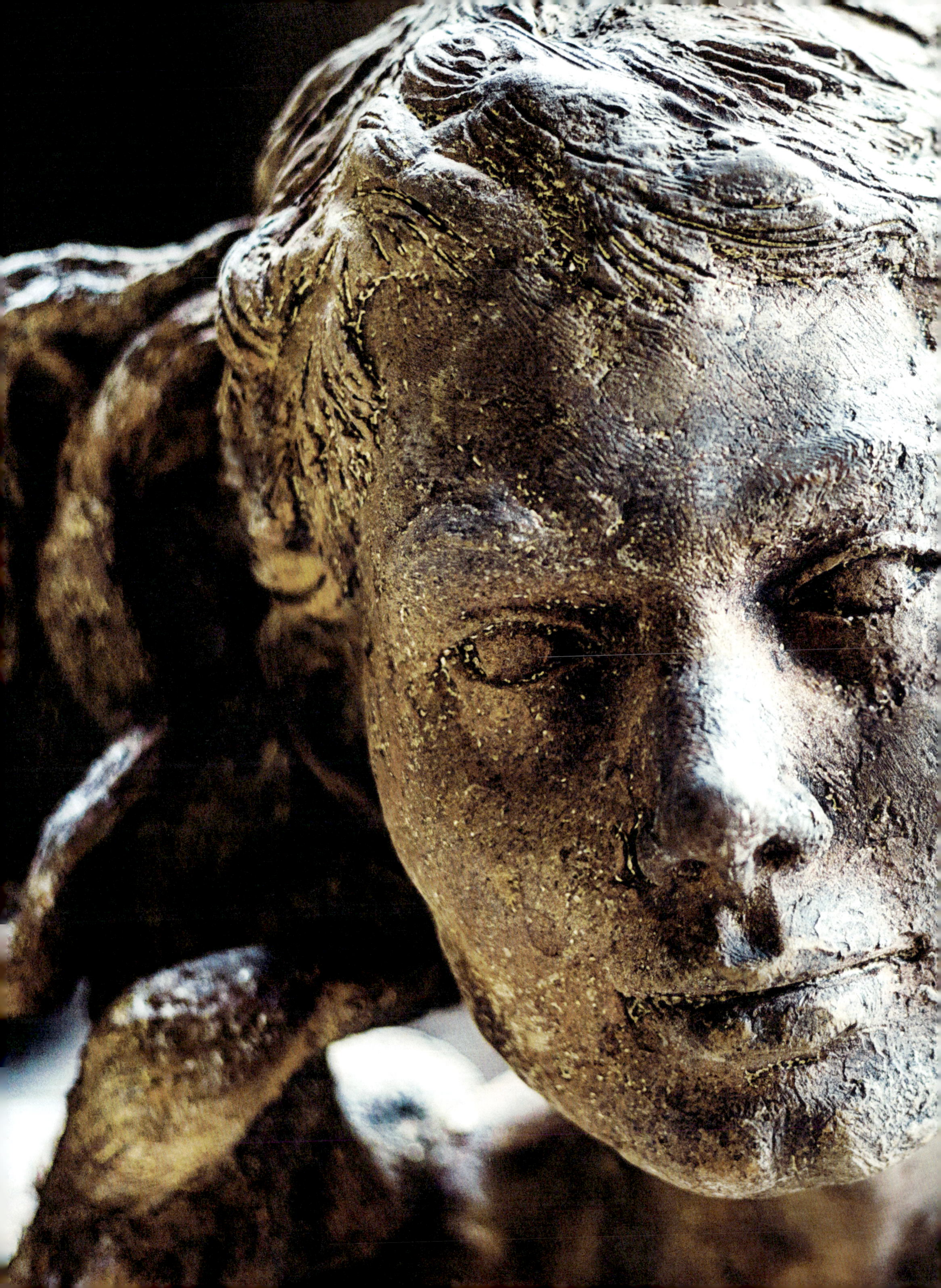

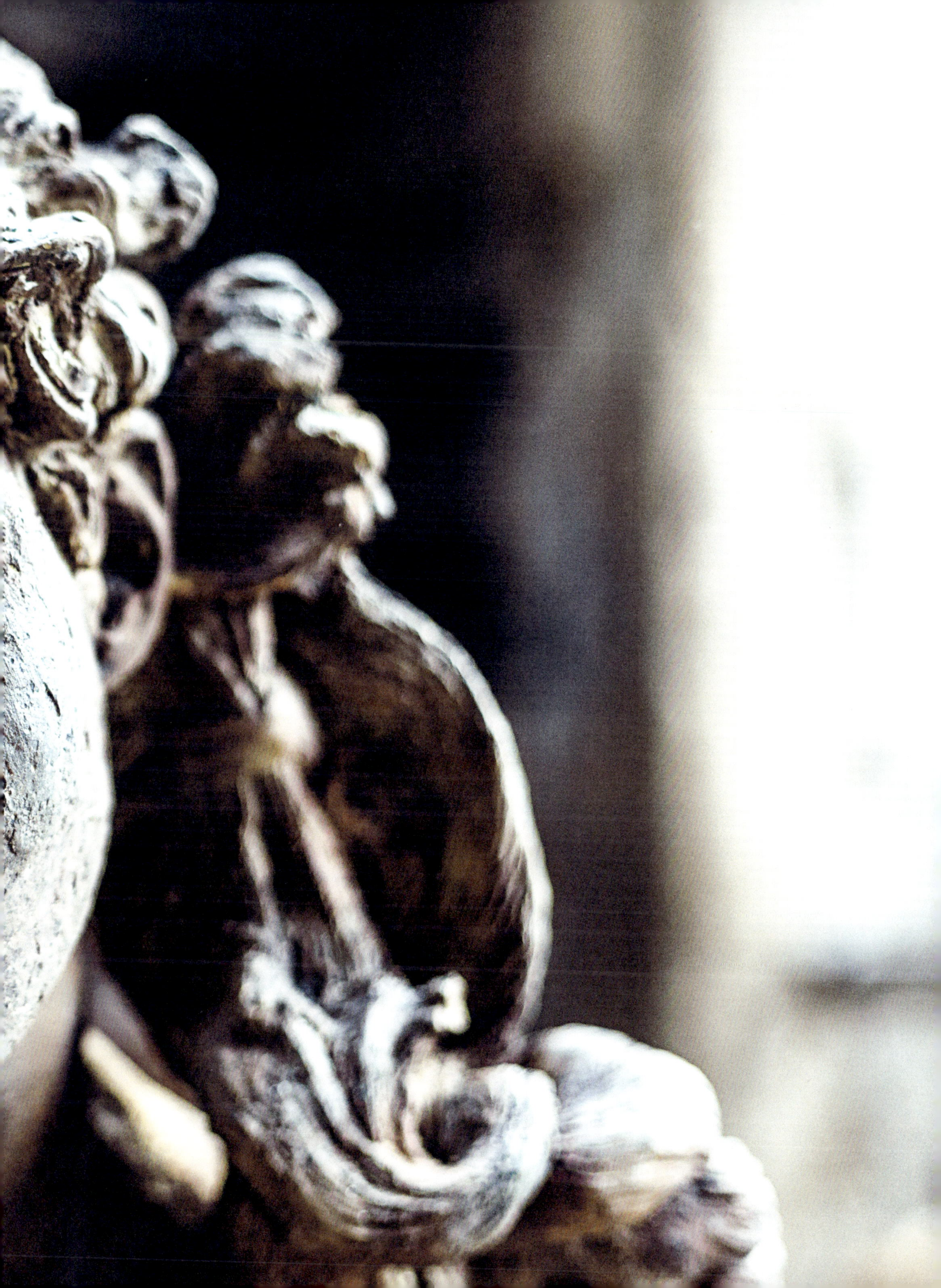

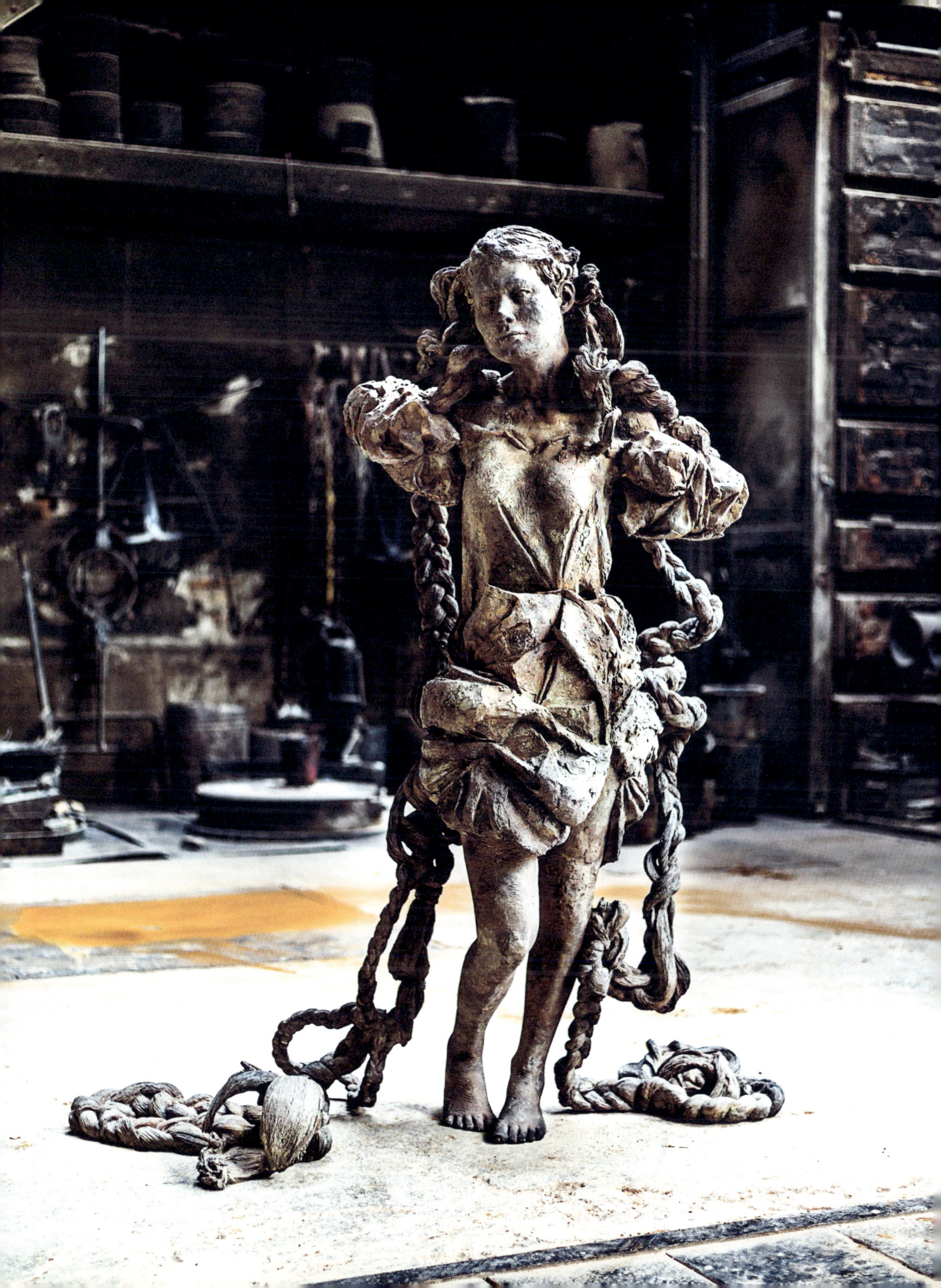

Inspiriert von der Figur des Mädchens aus dem berühmten Märchen hat die Künstlerin Elke Härtel »Rapunzel« geschaffen. Lebensgroß in Bronze gegossen, jedoch nicht monumental, nicht glänzend, ohne polierte Oberflächen und gerade so von großem visuellen Reiz in der barocken Fülle ihrer Körperlichkeit, zugleich pur und asketisch. Wie bei ihren früheren Skulpturen schöpft Elke Härtel auch mit »Rapunzel« aus der Imagination, erfindet sie Figuren jenseits eines konkreten politischen und sozialen Kontextes. Und vielleicht gelingt ihr gerade deshalb ein Werk von solch wuchtiger Bildenergie, das über ästhetische Schönheit und Kontemplation hinaus den Betrachter ins Denken lockt und seine Empathie weckt.

Ein paar Jahre hat es gedauert von der kleinen Bleistiftskizze bis zur Vollendung der Skulptur. Ein solches Projekt einer jungen Künstlerin anzuvertrauen, es in vollkommener Freiheit zu entwickeln, braucht es auch den Mäzen, dessen Geduld, eine Idee reifen zu lassen und den Prozess des Entstehens zu begleiten, sowie die finanziellen Mittel. Richard Kriegbaum, dem Philanthropen und Sammler, gebührt der Dank dafür, dass »Rapunzel« hat verwirklicht und in diesem schönen Band dokumentiert werden können. Wie gut es wäre, er würde Nachahmer finden.

The artist Elke Härtel was inspired by the figure of the girl from the famous fairy tale to create *Rapunzel.* It is a life-size figure cast in bronze, yet not monumental, not shiny, without smooth surfaces and precisely therefore visually very appealing in the baroque opulence of her physicality, both pure and ascetic. In *Rapunzel*, as in her earlier sculptures, Elke Härtel draws on her imagination, inventing figures beyond a specific political and social context. Perhaps this is exactly why she is able to create a work of such stunning visual power which, beyond aesthetic beauty and contemplation, lures viewers into reflection and arouses their empathy.

It took several years to progress from the small-scale pencil sketch to the finished sculpture. For a young artist to be entrusted with and allowed to develop such a project in complete freedom, she also needs a patron: someone who has the patience to let the idea come to fruition, while accompanying the production process, as well as the financial means. Our thanks are due to Richard Kriegbaum, the philanthropist and collector, for having made *Rapunzel* possible, as well as its documentation in this handsome volume. May he be an inspiration for others to come.

Petra Giloy-Hirtz

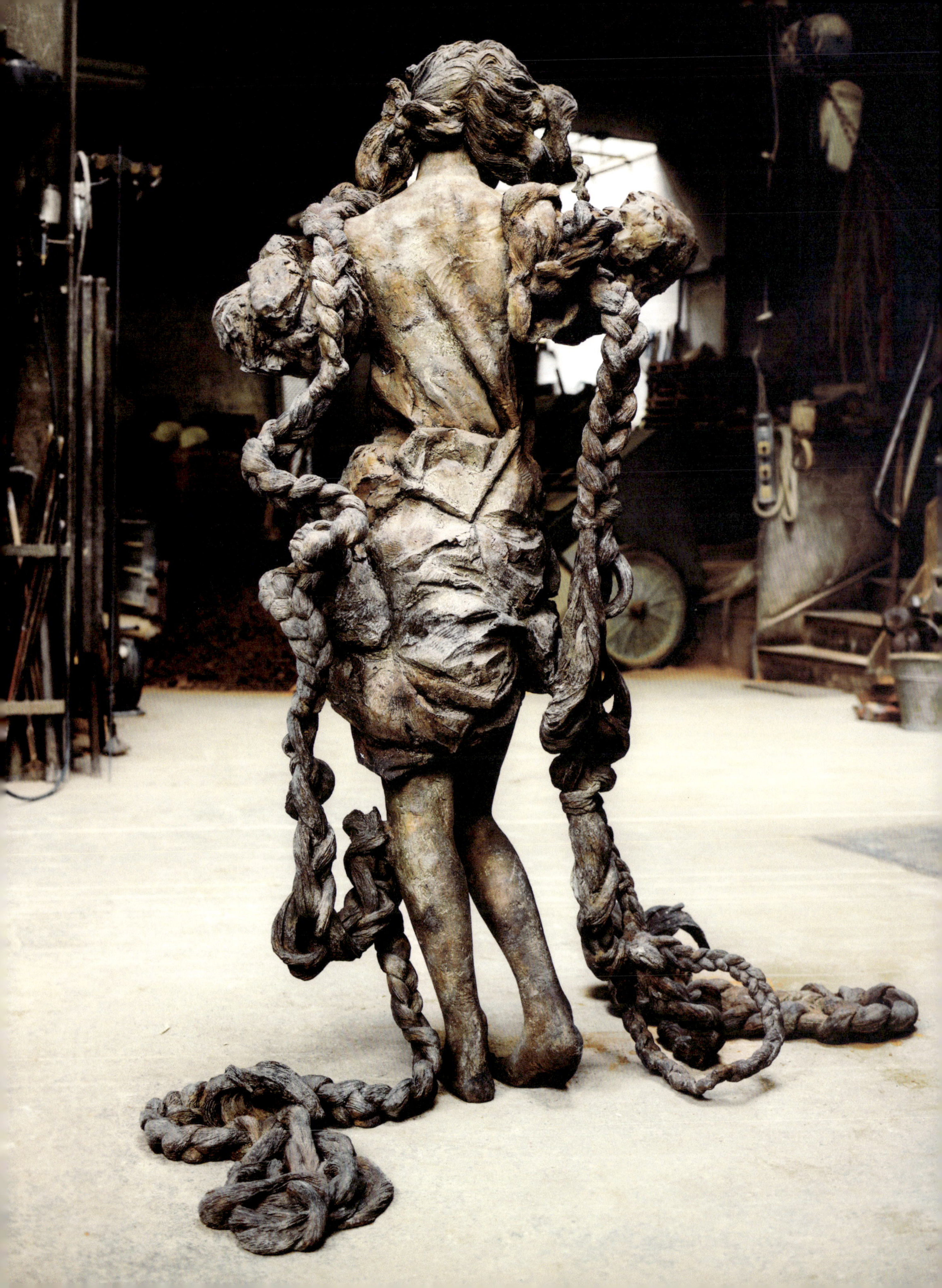

Aus der Welt der Wunder und der Magie kommt sie, Rapunzel, die Figur aus dem bekannten Märchen der Brüder Grimm, eine über die Jahrhunderte mündlich und literarisch überlieferte Gestalt, deren Geschichte jene beiden Sprachwissenschaftler und Volkskundler Jacob und Wilhelm in ihre Kinder- und Hausmärchen aufgenommen haben. Dabei ging es ihnen nicht nur um ein Archivieren alten Kulturgutes. Sie vertrauten offenkundig darauf, dass von Generation zu Generation tradiertes Wissen tauglich sei, Gegenwart zu deuten und zu verstehen. Die Überlieferungsgeschichte und Überarbeitungen gerade jenes Märchens von der Erstausgabe des Jahres 1812 durch alle weiteren Auflagen hindurch belegen die Wirkungsmacht dieses Textes. Das Märchen erzählt von Verbannung, Einsamkeit und Isolation des Mädchens, das, von einer Zauberin in einen Turm in der Wildnis eingemauert, durch ihren betörend schönen Gesang den Prinzen herbeilockt, der an ihrem Haar zu ihr hinaufsteigt ... »Rapunzel, Rapunzel, lass dein Haar herunter!«

Jene Mädchengestalt, die von der Jungfrau zur Geliebten wird, zur Frau und Mutter und sich befreit aus ihrer Gefangenschaft, erweckt die Künstlerin Elke Härtel zu neuem Leben. Klassisch in Ton modelliert, in Gips gegossen und dann in Bronze, schafft sie eine »Rapunzel«, anmutig und kraftvoll zugleich, die opulenten, mächtigen Zöpfe bis über den Boden gewunden: in graziöser Körperhaltung, den Kopf etwas geneigt, in beinahe tänzerischer Pose in der Bewegung des angewinkelten Fußes, einzigartig in Form und Ausdruck. Sinnlich erscheint sie und schön in den ausgeprägten Zügen ihres Gesichtes, gelassen, introvertiert. Und doch ist sie nicht vollkommen. Der zweite Blick entdeckt irritiert das Fehlen der Arme. Ausdruck von Fragmentierung und Gewalt, von Verletzung und Verwundbarkeit? Im Unperfekten liegt gleichwohl kein Makel. Als seien die Zöpfe an die Stelle der Arme getreten, geflochten und gedreht, Halt und Verankerung, Verbindung zwischen Wildnis und Zivilisation. Eine zeitgenössische Figur, die das »Pulsieren der fremden Quelle«[1] noch in sich trägt.

Welch ein Prozess von der kleinen Bleistiftzeichnung, einer Skizze der Vorder- und Rückenansicht eines Mädchens, bis zur lebensgroßen Skulptur aus Bronze! Eine hochkomplexe Entstehung von der Idee, einem Gedankenblitz, bis zur monumentalen Umsetzung. Formen nach einem lebenden Modell: allein das Physische schon, Gewicht und schiere Größe der Figur, war neues Terrain, Experiment. Gerüst, Statik, Abformen, Zerlegen, Gießen, Zusammenfügen, altes Handwerk und großes Können, kein Computer und keine Maschine: ein Meisterstück. Die raue Oberfläche des rohen Bronzegusses, nicht glatt gebürstet und poliert, sondern lebendig, changierend in den Farben, hat eine Patina, als sei viel Zeit hineingeflossen.

I

Aus der Tiefe des Traumes und aus literarischen Vorstellungswelten kommen ihre zumeist weiblichen Figuren. Elke Härtel schöpft aus inneren Bilderwelten eigener Selbsterkundung und aus Märchen, Mythen und religiösen Vorstellungen. Sie knüpft an traditionelle Vorbilder an und holt sie in die Gegenwart: »Maria Immaculata«, »Eloise«, »Rapunzel«. Durch Verwandlung und Verfremdung entwickelt sie eine eigene Bildsprache. Es sind Mädchen oder junge Frauen, eher klein von Format, immer weiß, und vor »Rapunzel« tragen sie das Antlitz der Künstlerin. So »realistisch« sie auch geformt sein mögen, immer haben sie etwas Surreales, Bizarres, Absurdes. Sie eröffnen Räume reicher Assoziationen, gleichwohl ohne spezifische Bedeutungen anzubieten. Das Selbstbildnis legt nahe, dass sie Ausdruck der Erfahrungen und Erinnerungen der Künstlerin sind, ihrer Träume und Ängste, »individuelle Mythologien«, deren Reiz gerade in ihrer subjektiven und nicht in einer allgemeinen Lesbarkeit liegt. Merkwürdigkeiten, Rätsel, Chiffren, ein Fundus von Motiven taucht immer wieder auf, wie das Unperfekte des weiblichen Körpers oder Metamorphosen, die in der Berührung mit dem Tier entstehen – Transfer zwischen Mensch und Natur.

Inspiriert von der kurzen Erzählung »Leer ist das Vogelhaus« von Patricia Highsmith, schafft Elke Härtel – als Studierende noch für die Jahresausstellung der Akademie der Bildenden Künste München – ein Schlüsselwerk, »Ohne Titel«, 2004: eine aufrechte Mädchengestalt in einem offenen Kästchen, auf ihren Schultern ein Känguru, in Polyurethan-Gießharz, weiß lackiert, die Gesamthöhe nicht mehr als 36 Zentimeter. Das Mädchen und das Tier ist damit als ein zentrales Thema gewählt, so im folgenden Jahr »Ohne Titel«, 2005: ein Mädchen im Kleid mit schmalen herabhängenden Armen, das Geweih eines Hirschs auf dem Haupt, und, ihm gegenüber, der Hirsch selbst, ohne Geweih, mit seiner Zunge des Mädchens Hals leckend. »Ohne Titel«, 2008: ein Mädchen, nackt auf dem Boden liegend, die Arme leicht aufgestützt, und drei Ameisenbären, die mit ihren Rüsseln an seiner rechten Fußsohle saugen. Und noch eine seltsame Konfiguration, »Ohne Titel«, 2005: Das Mädchen beißt in den Stamm eines Baumes, der, ohne Blätter und Früchte, zu schweben scheint. Das Mädchen – es ist immer dasselbe, zierlich, das Haar zu einem Dutt gesteckt, in einer anderen Arbeit im langen Kleid, den Blick gesenkt – mit Verwunderung sieht der Betrachter: Ihre Füße sind die eines Elefanten. Der Titel, einer der wenigen, »tanz mit mir«, 2006, verstärkt die Beklemmung, die von ihm ausgeht. Scheinbar realistisch in der Darstellung und konventionell in der Präsentation auf Sockel oder Tischplatte wie in der Ausstellung »Favoriten« in der Städtischen Galerie im Lenbachhaus in München 2008 oder in der Einzelausstellung »Verwandlungen« im Diözesanmuseum Freising 2012 sind Elke Härtels Figuren von abgründiger Rätselhaftigkeit.

Baumfrau, Elefantenfrau, Hirschfrau: Auch die Zeichnungen, ein eigenständiges Medium in ihrem Werk, setzen solche Mischwesen und Symbiosen ins Bild. Pflanze, Tier und Mädchen sind mit Bleistift auf großformatigen Papieren delikat und differenziert gezeichnet in meditativem Prozess. Da sitzt etwa ein Hirsch in einem Nest mit Äpfeln. Ein Mädchen mit einem nach vorne offenen Schneckengehäuse im Schoß ist mit pflanzlichen Schlingen einem Hirsch und den Sträuchern und Blättern verbunden (»Ohne Titel«, 2008). Eine merkwürdige Kommunität von Hirschen trifft auf am Boden verstreute Gehäuse von Schnecken ... Ist das »eine Art von geschichtslosem Naturraum«,[2] »eine gewisse geisterhafte Naturmythik, der auch die romantische Tradition verpflichtet ist«,[3] oder haben jene Traumbilder ihren Sitz im politischen, sozialen und kulturellen Kontext? Erscheint das Tier, Symbol des Männlichen, als Metapher für Last und Bedrohung, Zerstörung und Verwüstung (»und wo sie herkommen wächst kein gras mehr«, 2009) oder für den Wunsch nach Verschmelzung? Imaginationen von Weiblichkeit als Beitrag zum Diskurs von Geschlechterrollen, von Machtverhältnissen? Der weibliche Körper als Projektionsfläche politischer und sozialer Ideologien? Ein Spiel mit religiöser Symbolik? Alles Spekulation. Es ist eine Fremdheit, ein Geheimnis um diese Figuren und Konstellationen und eine Schönheit und Präsenz.

Auch »Eloise« (2013) verkörpert das, jenes lebensgroße Mädchen aus weißem Gips, das den Wolf am Hals gepackt hat wie eine erlegte Beute. Die Augen offen, hängt sein schlaffer Körper besiegt in den kleinen Händen – welch eine dramatische Umdeutung der Geschichte! Weibliches Selbstbewusstsein und Stärke setzt Elke Härtel da ins Bild. Und weibliche Schöpferkraft! Mit der Bronzeskulptur »Ohne Titel«, 2013, stellt sie ein kleines Mädchen auf einen zweieinhalb Meter hohen stilisierten Baumstamm und lässt es mit den Händen etwas modellieren – den Baum selbst, die Äste?! Wie ein Manifest ästhetischer Erziehung im öffentlichen Raum erscheint diese Arbeit: in der Welt sein und etwas hervorbringen, sie erschaffen.

II

Häufig ist mit Erstaunen Elke Härtels handwerkliches Können gewürdigt worden. Der Hinweis auf eine mehrjährige Ausbildung als Holzbildhauerin, bevor sie zum Studium an die Akademie der Bildenden Künste ging, erklärt ihre Virtuosität nicht wirklich. Altmeisterlich erscheint die Modellierung von Körper und Gesicht, präzis und fein im Ausdruck und dabei von jener rauen Textur, mit den Händen, mit dem Spachtel, grob und pastos manchmal, dynamisch wie Farbe auf der Leinwand abstrakter Malerei. Nirgends treffender fällt der Vergleich mit den alten Meistern aus als bei ihrem radikalen Gegenentwurf der »Maria Immaculata« (2011), die die geschnitzte und polychrome Madonna von Ignaz Günther, dem vielleicht bedeutendsten Bildhauer des Rokoko, im Benediktinerkloster Attel im Inntal ersetzte. Im Dialog mit dem Vorbild, das aus konservatorischen Gründen ins Museum umziehen musste, ist eine Skulptur entstanden, die die typische Handschrift von Elke Härtel trägt. Unter dem vergoldeten filigranen Baldachin des Schreinaufsatzes für den Altar sitzt sie heute, voll subtiler Anklänge an das Original, aber weit entfernt von einer Rekonstruktion. »Obgleich plastisch arbeitend, bilden bei (Elke) Härtel wie (Ignaz) Günther Zeichnungen einen zentralen, ja unverzichtbaren Bestandteil des Œuvres. Ob als Entwurfsskizze oder als autonome Graphik werden Gegenstände, Tiere und Menschen mit virtuoser Hand in fein nuancierter Weise modelliert und auf Papier gebannt, plastisch anmutend, wie sie nur ein Bildhauer formen kann. In den skulpturalen Arbeiten finden bei beiden Künstlern handwerkliche Souveränität, Beherrschung der Anatomie, klassische Bildsujets, aber eben gerade auch surreal-manierierte Motive zu einer unverwechselbaren Form zusammen, die das vermeintlich Eindeutige ins Vieldeutige wendet.«[4]

III

Elke Härtels »Rapunzel« erscheint singulär. Sie ließe sich am ehesten vielleicht verorten in der Tradition einer vorangehenden Generation von Künstlerinnen, die gegenüber Minimalismus und Konzeptkunst sich der Figur zugewendet haben, dem Subjektiven, Humanen, die das Interesse am Körper zum Thema ihrer Arbeiten gemacht haben, wie zuallererst Kiki Smith, deren Werk Elke Härtel bewundert und schätzt. Da ist zum Beispiel Kiki Smiths »Wild Woman« (1994) aus Silicon und Bronze, ein weiblicher Körper, entblößt und schutzlos mit langen, über den Rücken fließenden Haaren, den Kopf in den Nacken geworfen, mit eiserner Fußfessel, einer Kette um das Gelenk, als sei sie gerade einer Gefangenschaft entkommen. (Auch die Symbiose von Frau und Tier hat Kiki Smith in vielen Variationen zum Thema gemacht wie in den lebensgroßen Bronzefiguren »Born«, 2002 – eine Frau wird aus einem Reh geboren, oder »Rapture«, 2001 – die Frau entsteigt dem Leib eines Wolfes.)

Die langen Haare, Rapunzels Insignien, haben eine reiche Überlieferungsgeschichte in der Literatur und in der Kunst bis in die Gegenwart als ein Zeichen weiblicher Identität und Repräsentation weiblicher Macht und Magie. Sie bedecken die Nacktheit Evas bei der Vertreibung aus dem Paradies, hocherotisch und voll Scham, oder verhüllen den nackten Körper der Büßerin Maria Magdalena. Viele zeitgenössische Künstlerinnen machen in ihrer Auseinandersetzung mit dem weiblichen Körper das Haar zum Thema, manchmal arbeiten sie auch mit wirklichem Haar als Material. Mona Hatoum zum Beispiel, Lorna Simpson und Ellen Gallagher. Kiki Smith schenkt dem Haar besondere Aufmerksamkeit, sowohl in Skulpturen (»Eve«, 2001) als auch in Zeichnungen (»Daughter«, 1999, ein Mädchen mit der Behaarung eines Tieres wie auch in »Wolf Girl«, 1999) und Videos (»Hair Shadow«, 1989); sie webt echtes Haar zusammen mit Schafswolle zu einer »Mitgift«, einem »Dowry Cloth«, 1990, und der kopfüber an der Wand hängenden Frauengestalt aus braunem Papier gibt sie einen Schopf aus langem Pferdehaar (»Untitled«, 1995). Auch Berlinde de Bruyckere bedeckt ihre Skulptur aus Wachs und Eisen, »Hanne«, 2003, mit schwarzem Pferdehaar, bei anderen Figuren, skulptural wie die auf einem Schemel hockende »Inge«, 2001, und in Zeichnungen, sind die körperlangen Haare, das Gesicht versteckend, nach vorn geworfen.

In diese Gemeinschaft von Frauengestalten in der zeitgenössischen Kunst reiht sich Elke Härtels »Rapunzel« ein. Diese braucht das Haar nicht, um ihren Körper zu verhüllen. Sie steht da im Kleid, das, kurz und etwas gerüscht und gerafft, den femininen Körper eher sichtbar macht als verbirgt. Die Pracht ihres Haares, die Fülle, die kaum in den Zöpfen gebändigt werden kann, zeigt die Vitalität dieser Figur – gegen die Ausgrenzung, gegen die Angst eine weibliche: Repräsentation der Humanität und Hoffnung.

1 | George Steiner, Von realer Gegenwart. Hat unser Sprechen Inhalt?, München/Wien 1990, S. 45.

2 | Heinz Schütz, Im Hirschgestrüpp, in: Elke Härtel. Katalog anläßlich der Ausstellung im zimmer der prinzessin, Debütantin 2011 der GEDOK München, München 2011, S. 16.

3 | Sabine Weingartner, Elke Härtel und ihr lyrisches Ich, in: Elke Härtel u. a., Verwandlungen (Ausst.-Kat. Diözesanmuseum Freising, Reihe Junge Kunst), Regensburg 2012, o. S.

4 | Alexander Heisig, Von der Kopie zum Original – die Atteler Madonna von Ignaz Günther und die Immaculata von Elke Härtel, in: Elke Härtel u. a., Verwandlungen (Ausst.-Kat. Diözesanmuseum Freising, Reihe Junge Kunst), Regensburg 2012, o. S.

Rapunzel comes from the world of miracles and magic. A figure from the well-known Brothers Grimm fairy tale, her story has been passed down by word-of-mouth and in its written form for centuries. The two philologists and folklorists, Jacob and Wilhelm, included it among their *Children's and Household Tales*. They did so not just because they wanted to keep a record of old cultural assets, but because they obviously believed that knowledge passed down from generation to generation was suitable for interpreting and understanding the present. The history of this particular fairy tale and its revisions, starting from the first edition in 1812 through all the subsequent versions, stand testament to the powerful impact of the text. The tale talks about the exclusion, loneliness and isolation of the girl who has been immured in a tower in the wilderness by a witch, and who by way of her captivatingly beautiful singing lures the prince, who then uses her hair to climb up to her chamber ... "Rapunzel, Rapunzel, let down your hair!"

The artist Elke Härtel revives this female figure that evolves from a virgin into a lover, wife and mother, freeing herself from captivity. Modelled in classical fashion in clay, cast in plaster and then in bronze, Rapunzel is both elegant and powerful, with her abundant, thick plaits twisted down across the floor. Her posture graceful with head slightly tilted, she strikes an almost dance-like pose in the way she bends her foot. Unique in form and expression, she appears sensual, pretty in her distinctive features, composed, introverted. And yet she is not unflawed. A second glance notes in confusion the missing arms. Is this a sign of fragmentation and violence, of violation and vulnerability? There is, nevertheless, no flaw in what is imperfect. It is as if the plaits, braided and twisted, had taken the place of the arms and become her support and anchorage, linking wilderness and civilisation. She is a contemporary figure who still carries within herself the "pulse of the distant source".[1]

What a process: from the small pencil sketch, a drawing of a girl seen from the front and back, to the life-size bronze sculpture! It is a highly complex development from the idea, a sudden inspiration, to its monumental execution. To model from a live model: the purely physical aspect alone, the weight and sheer size of the figure, meant exploring new ground, experimenting. Armature, statics, creating a mould, disassembling, casting, assembling, old craft and great skill, without computer or machine: a feat. The rough surface of the raw bronze cast, not brushed smooth and polished, but alive instead, iridescent, and with a patina suggesting that much time has been spent on it.

I

Elke Härtel's figures are usually female and come from the depths of dreams and from literary worlds of imagination. The artist draws on the inner imagery of her own self-exploration as well as that of fairy tales, myths and religious ideas. She takes up traditional models and transports them into the present: *Maria Immaculata, Eloise, Rapunzel.* Through transformation and defamiliarisation she develops a visual language of her own. They are girls or young women, rather small-scale, always white and those created before *Rapunzel* carry the artist's face. No matter how 'realistically' modelled they may be, they invariably have something surreal, bizarre or absurd about them. They invite manifold associations, without offering specific meanings. The self-portrait suggests that they are an expression of the experiences and memories of the artist herself and of her dreams and fears. They are 'individual mythologies' whose appeal lies precisely in their subjective rather than general readability. Peculiarities, riddles, cyphers; time and again a trove of themes appears, such as the imperfection of the female body or metamorphoses that occur when encountering animals — a transfer between human and nature.

While still a student Elke Härtel was inspired by Patricia Highsmith's short story *The Empty Birdhouse,* and created a key work for the annual exhibition of the Akademie der Bildenden Künste, Munich. *Untitled*, 2004, features the figure of a girl standing up straight in an open box and carrying a kangaroo on her shoulders; made of polyurethane casting resin and painted white, its height does not exceed thirty-six centimetres. The girl and the animal are chosen as core subjects, as in the work *Untitled* created the following year, 2005. A girl is depicted in a dress with her slender arms flanking her body and the antlers of a stag on her head. Standing opposite her is the stag itself, without antlers, licking the girl's neck with its tongue. *Untitled*, 2008: here a girl is lying naked on the ground, her arms slightly propped up, and three anteaters suck on the sole of her right foot with their snouts. Another curious configuration is portrayed in *Untitled*, 2005: the girl bites into the trunk of a tree which, without leaves and fruit, seems to float. Looking at the girl — she is always the same: delicate, hair in a bun, wearing a long dress in another work, her gaze lowered — the viewer notes with surprise that her feet are those of an elephant. The words *tanz mit mir* (dance with me), the title of this 2006 work — indeed only few of her works have one — reinforce the trepidation it exudes. While seemingly realistic in their depiction and conventional in their presentation on a pedestal or table top, as in the *Favoriten* (Favourites) exhibition

2008 at the Städtische Galerie im Lenbachhaus in Munich or in the solo exhibition entitled *Verwandlungen* (Metamorphoses) 2012 at the Diözesanmuseum Freising, Elke Härtel's figures remain unfathomably cryptic.

Tree woman, elephant woman, deer woman: Härtel's drawings, which represent a self-contained medium within her oeuvre, similarly visualise such symbioses and hybrid creatures. In a meditative process, plant, animal and girl are delicately and subtly drawn in pencil on large sheets of paper. One drawing shows a deer sitting in a nest with apples. Another features a girl who holds a snail shell in her lap which is open at the front. Plant-like tendrils connect her to a deer and to the bushes and leaves (*Untitled*, 2008). A strange community of deer come upon snail shells scattered on the ground … Is this "a kind of ahistorical natural environment",[2] "some phantasmal natural mythology indebted not least to the romantic tradition",[3] or do those oneiric images belong in a political, social and cultural context? Does the animal, a male symbol, appear as a metaphor for affliction and danger, destruction and devastation *und wo sie herkommen wächst kein gras mehr* (and where they come from grass no longer grows, 2009) or for the desire to merge? Are the conceptions of femininity a contribution to the discourse of gender roles, of power relations? Is the female body a projection surface for political and social ideologies? Is it a play on religious symbolism? All of this remains speculation. An otherness, a mystery, a beauty and a presence enfold these figures and constellations.

This is similarly epitomised by *Eloise* (2013): a life-size girl made of white plaster which has seized the wolf by the neck like hunted prey. Its eyes are open and its body hangs limply and defeated in her small hands. What a dramatic reinterpretation of the story! Here Elke Härtel visualises female self-confidence and strength as well as female creative power. In her untitled bronze sculpture from 2013 she places a young girl on a stylised, two-and-a-half-metre high tree trunk and has her model something with her hands — the tree itself or its branches?! This work appears like a manifesto of aesthetic education in public space: being in the world creating and bringing something into being.

II

Elke Härtel's craftsmanship has frequently received astonished acknowledgement. Her many years of training as a wood sculptor prior to attending the Akademie der Bildenden Künste do not really explain her virtuosity. The modelling of body and face, precise and subtle in expression, is comparable with the Old Masters. Yet at the same time the works have a rough texture, sometimes applied with the hands, sometimes with the palette knife, sometimes coarse and pastose: dynamic like paint on a canvas of abstract art. Nowhere is the comparison with the Old Masters more apposite than in her radical alternative version of *Maria Immaculata* (2011), which replaced the carved and polychrome Madonna by Ignaz Günther, one of the greatest sculptors of the Rococo period, at Attel Abbey, a Benedictine monastery in the Inn valley. In dialogue with the original work, which had to be moved to the museum for conservational reasons, Elke Härtel created a sculpture in her signature style. Today, her figure sits under the gilded canopy of the altar shrine, full of subtle echoes of the original, but a far cry from being a reconstruction. "Although working sculpturally, drawings are for both Härtel and Günther a central and, indeed, key component of their oeuvres. Whether in a preparatory sketch or an autonomous print, a virtuoso hand models animals and human figures in a finely nuanced manner and brings them to paper. There they appear sculptural in the way only a sculptor can model them. In the sculptural works of both artists technical confidence, command of anatomy, classical subjects as well as a surreal-mannered imagery combine into a distinctive form that lends an ambiguity to the supposedly obvious."[4]

III

Elke Härtel's *Rapunzel* appears outstanding. It can, perhaps, be best linked to the tradition of a previous generation of women artists who, vis-à-vis Minimalism and Conceptual Art, turned to the figure, the subjective, human aspect, and turned their focus on the body into the subject of their work — first and foremost Kiki Smith whose work Elke Härtel admires and holds in high regard. A case in point is Kiki Smith's *Wild Woman* (1994) made of silicone and bronze. A female body is depicted exposed and vulnerable, with long hair flowing down her back, the head tilted and an iron shackle around her ankle, as if she had just escaped from captivity. (The symbiosis of woman and animal is also a theme Kiki Smith has addressed in many variations, as in her life-size bronze figures *Born* (2002), featuring a woman who is born from a doe, and *Rapture* (2001), showing a woman emerging from the body of a wolf.)

In literature and art, long hair — Rapunzel's insignia — has a rich tradition which extends to the present day, both as a sign of female identity and a symbol of female power and magic. It covers Eve's nudity when she is expelled from paradise, highly erotic and full of shame, and veils the naked body of the penitent Mary Magdalene.

Numerous contemporary women artists focus on hair when tackling the subject of the female body; sometimes they even use actual hair as material. Examples can be found in the work of Mona Hatoum, Lorna Simpson and Ellen Gallagher. Kiki Smith attaches particular importance to hair in her sculptures (*Eve*, 2001) as well as in her drawings (*Daughter*, 1999, a girl with the fur coat of an animal, as in *Wolf Girl*, 1999) and videos (*Hair Shadow*, 1989). She weaves real hair together with sheep's wool into a *Dowry Cloth* (1990) and in *Untitled*, 1995, her female figure made of brown paper and mounted upside down on the wall has a plait of long horsehair. Berlinde de Bruyckere also covers her wax and iron sculpture *Hanne* (2003) with black horsehair. In other figures by de Bruyckere, like the sculptural one crouching on a stool in *Inge* (2001), as well as in her drawings, the floor-length hair is shown thrown forward covering the face.

Elke Härtel's *Rapunzel* joins this community of female figures in contemporary art. She does not need the hair to cover her body. She is standing up straight wearing a dress that, short and somewhat ruched and ruffled, renders the feminine body visible, rather than hiding it. The luxuriance of her hair and its abundance barely contained in the plaits, illustrate the vitality of this figure — beyond exclusion and beyond fear. It is a female representation of humanity and hope.

1 | George Steiner, *Real Presences* (Chicago: University of Chicago Press, 1989), p. 28.

2 | Heinz Schütz, "Im Hirschgestrüpp", in *Elke Härtel*, catalogue published in conjunction with the exhibition *im zimmer der prinzessin*, 2011 Debutante of GEDOK München e.V., (Munich, 2011), p. 16.

3 | Sabine Weingartner, "Elke Härtel und ihr lyrisches Ich", in Elke Härtel et al., *Verwandlungen*, exh. cat. Diözesanmuseum Freising, Young Art Series (Regensburg, 2012), n. p.

4 | Alexander Heisig, "Von der Kopie zum Original – die Atteler Madonna von Ignaz Günther und die Immaculata von Elke Härtel", in Elke Härtel et al., *Verwandlungen* (as in note. 3).

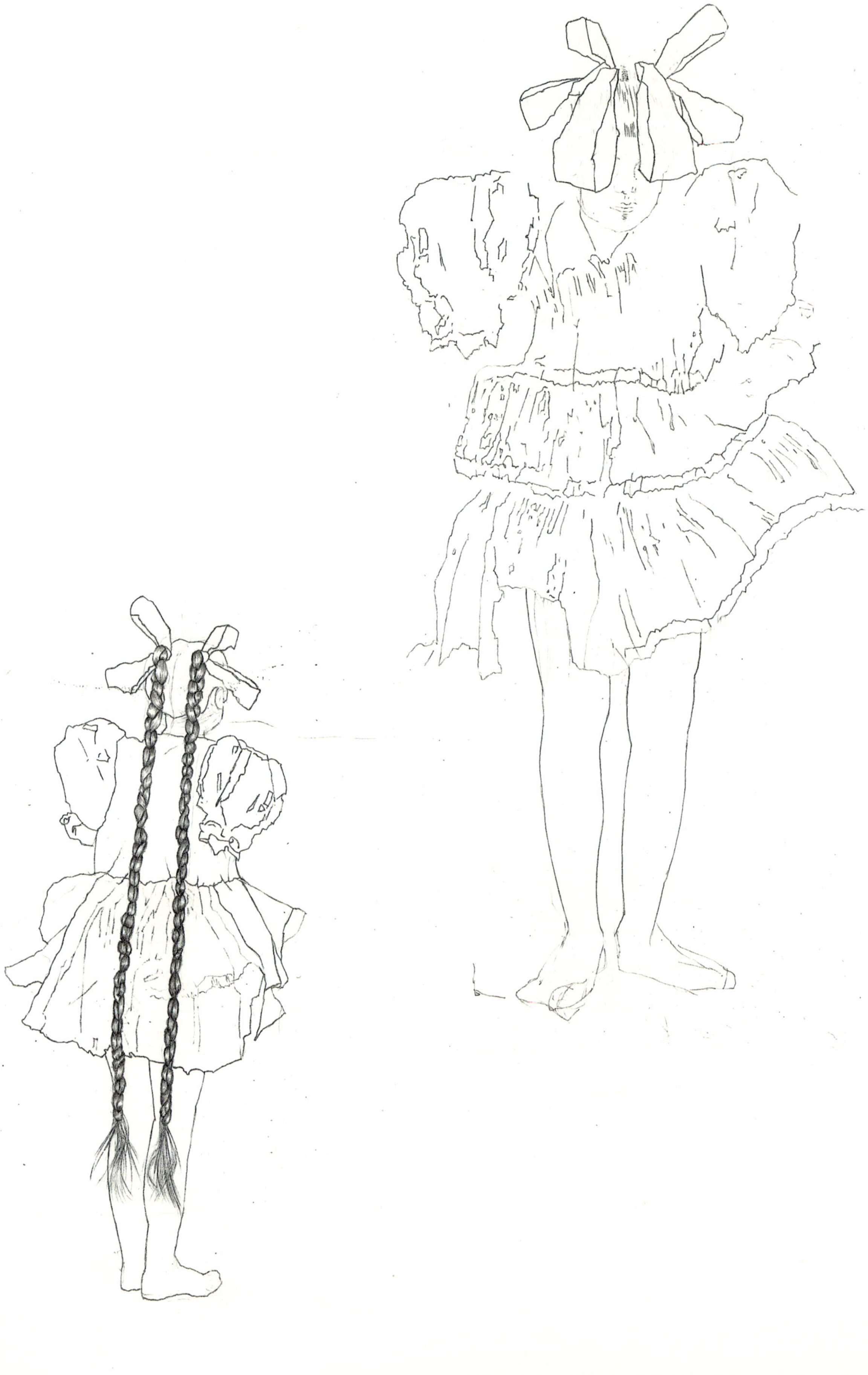

Von einem Prinzen »heimgesucht« zu werden und fortan mit ihm ein glückliches Leben zu führen, wie es sich in dem Märchen »Rapunzel« zuträgt – das ist der Traum vieler Mädchen. Eine kindliche Vorstellung, mag sein, naiv und idealistisch. Und doch bestimmt diese Sehnsucht einige Jahre oder gar eine längere Zeit unser Leben.

Meine Beschäftigung mit Märchen basiert auf einer Einladung zum 12. RischArt-Projekt unter dem Titel »Es war einmal …«. Ich überlegte mir, warum ich eigentlich diese Geschichten als Kind so gern hatte und warum nach wie vor allen Kindern Rotkäppchen ein Begriff ist, oder Hänsel und Gretel. Eine Erklärung für die Beliebtheit der Märchen bei Kindern scheint mir, dass die Geschichten stets zu einem guten Ende führen, auch wenn sie manchmal voller Grausamkeiten sind. Zumindest ist dies bei den Brüdern Grimm der Fall: Das Gute siegt immer über das Böse, und der Glaube an die Liebe ist die Lösung aller Probleme. Meist sind die Protagonisten eben auch noch Kinder, die sich durch die übernatürlichen Kräfte von Tieren oder Gegenständen, die zeitweise zu ihren Gefährten werden, aus negativen Lebenssituationen selbstständig befreien können.

Rapunzel, ein junges Mädchen, sitzt eingesperrt in einem Turm. Der Turm als Käfig – hier bleibt dem Kind tatsächlich die gesamte Welt verschlossen, ein Ausdruck dafür, wie tief eingeschränkt sich Kinder tatsächlich fühlen können. Die Abhängigkeit vom Elternhaus lässt sich nicht vermeiden. Der Turm ist Schutzraum, aber zugleich wird der Drang nach Freiheit immer größer. Statt eingeschlossen zu sein, fehlen meiner Rapunzel beide Arme. Für mich als Bildhauerin natürlich eine unerträgliche Vorstellung, da meine Hände das Werkzeug sind, um etwas Neues zu schaffen und in die Welt zu setzen.

Ich interpretiere die räumliche Abgrenzung der Außenwelt als seelischen Zustand innerer Leere. Unfähig zu handeln, wird der Körper selbst zum Käfig. Unerfahrenheit und Unselbstständigkeit werden als Schwäche empfunden, gleichzeitig wächst die Lust auf Abenteuer und das Begehren. Der Übergang vom Kind zum Erwachsenen wird hier thematisiert. (An dieser Stelle muss ich erwähnen, dass die tiefenpsychologische Interpretation des Märchens »Rapunzel« eine andere ist.)

Doch die Figur sieht trotz fehlender Arme nicht hilflos aus. Zwei dicke Zöpfe verankern sie stattdessen und fallen wie dicke Seile zu Boden, scheinen sogar ein Eigenleben zu entwickeln, als hätten sie, wie in dem Märchen, übernatürliche Kräfte.

Alina, mein Modell, war 13 Jahre alt, als sie zum ersten Mal zu mir ins Atelier kam. Sie hatte keine Scheu vor der Kamera, es machte ihr eher Spaß. Mir war klar, dass ich Rapunzel stehend darstellen wollte, die genaue Position ergab sich aber erst während der Arbeit mit dem Model und zwar in dem Moment, als die Anspannung abfiel und Langeweile eintrat. Wenn es anstrengend wird, ständig die gleiche Pose einzunehmen und die Bemühung nachlässt, möglichst vorteilhaft vor der Kamera zu wirken, kommt die Natürlichkeit zum Vorschein. Ein magischer Moment: Plötzlich knickt das rechte Knie ein, und Alina blickt mich mit geneigtem Kopf auffordernd in die Kamera an: »Na, wann sind wir jetzt fertig?« Perfekt! So sollte sie also aussehen, meine Rapunzel.

To be "visited upon" by a prince and live with him happily ever after, as in the fairy tale of *Rapunzel* — such is the dream of many a girl. A childish notion maybe, somewhat naïve and idealistic. And yet this longing affects our lives for a few years or maybe for even longer.

My preoccupation with fairy tales goes back to an invitation I received for the twelfth RischArt Project under the heading *Once upon a time*.... I considered why I had liked those stories so much as a child and why *Little Red Riding Hood* or *Hansel and Gretel* are still household names. One explanation for the popularity of fairy tales among children may be that the stories always have a happy ending, even when they are sometimes filled with atrocities. At any rate this is the case with the Brothers Grimm: good invariably triumphs over evil and the belief in love is the solution to all problems. Usually, the protagonists are indeed themselves children who are able single-handedly to free themselves from negative situations in life by way of the supernatural powers of animals or objects which temporarily become their companions.

The young girl Rapunzel is locked up in a tower. The tower as a cage — in this case the world as a whole remains closed off to the child, an indication of how profoundly constrained children can actually feel. The dependency on its parents is inevitable. The tower is a shelter, yet at the same the thirst for freedom grows and grows. Instead of being locked in, my Rapunzel has both arms missing, which to me as a sculptor is, of course, an unbearable notion, since my hands are my tools to create something new and bring it into the world.

I interpret the spatial dissociation from the outside world as an emotional state of inner emptiness. Unable to act, the body itself becomes a cage. Inexperience and lack of independence are both perceived as a weakness; at the same time the thirst for adventure and desire grows. The transition from child to adult becomes a central theme. (I should note at this point that the psychoanalytical interpretation of the fairy tale of *Rapunzel* is a different one.)

Yet in spite of her missing arms the figure does not look helpless. Two thick plaits anchor her and fall to the ground like heavy ropes; they even seem to develop a life of their own, as if they had supernatural powers just like in the fairy tale.

Alina, my model, was thirteen years old when she first came to my studio. Rather than being shy in front of the camera, she really seemed to enjoy it. I realised that I wanted to represent Rapunzel standing up, but it was only in the process of working with the model that the exact position became evident, at the precise moment when the tension dropped and boredom set in. When it becomes exhausting to strike the same pose constantly, and the effort to appear as flattering as possible in front of the camera wanes — that is when naturalness appears. A magical moment: suddenly the right knee gives way and Alina looks askingly at me in the camera with her head tilted: "So, when are we finished?" Perfect! This is what she should look like, my Rapunzel.

Elke Härtel

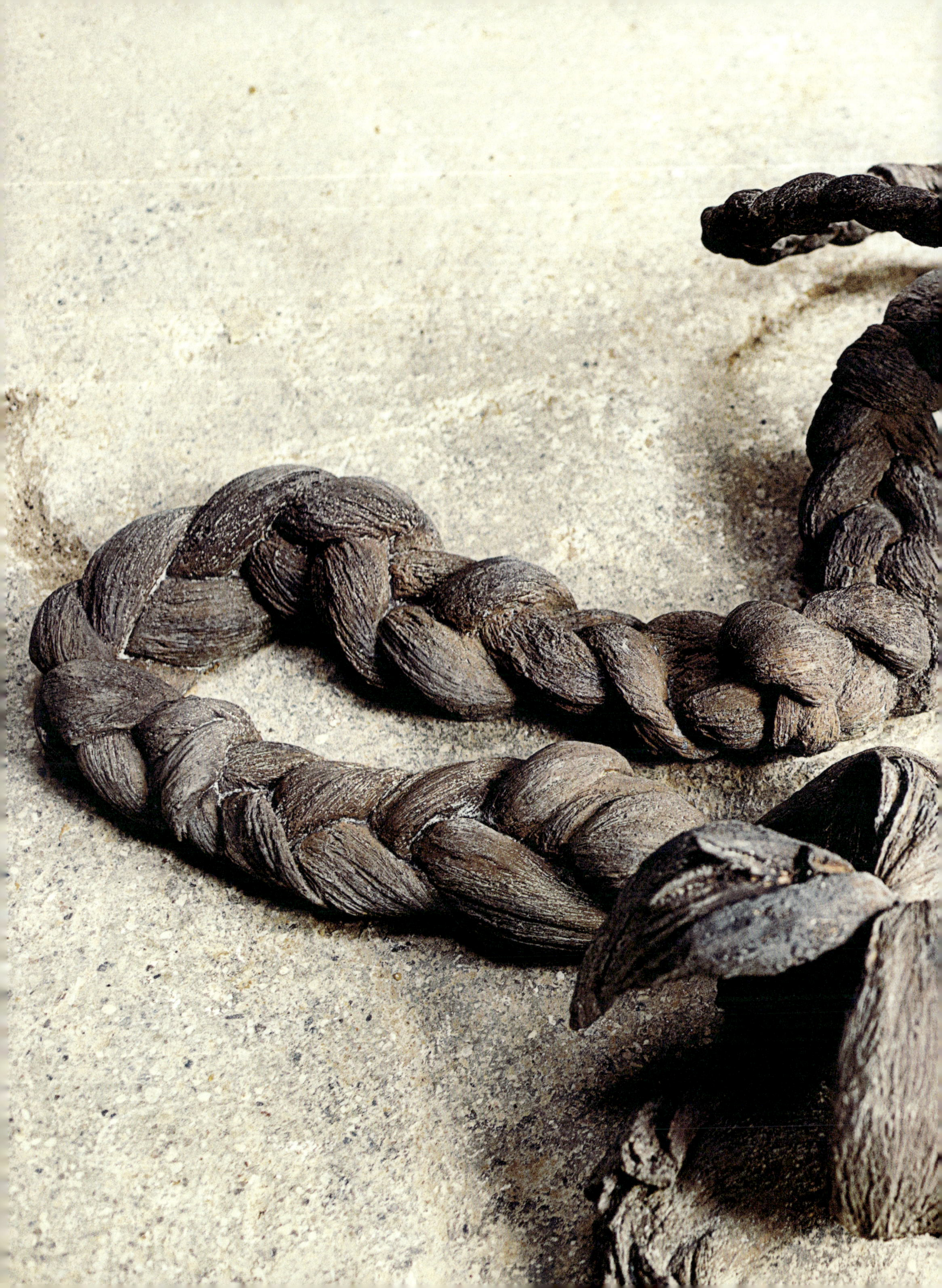

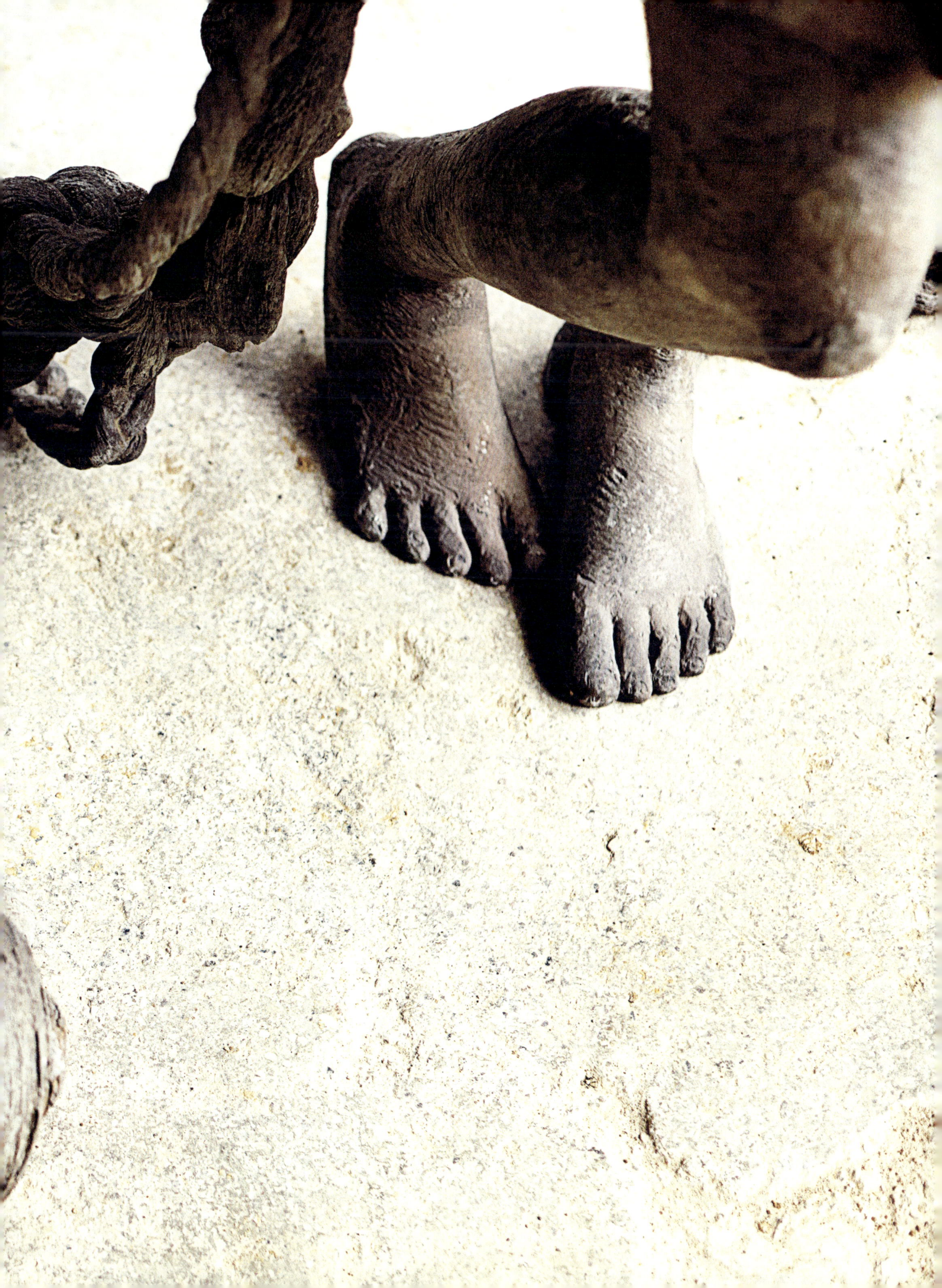

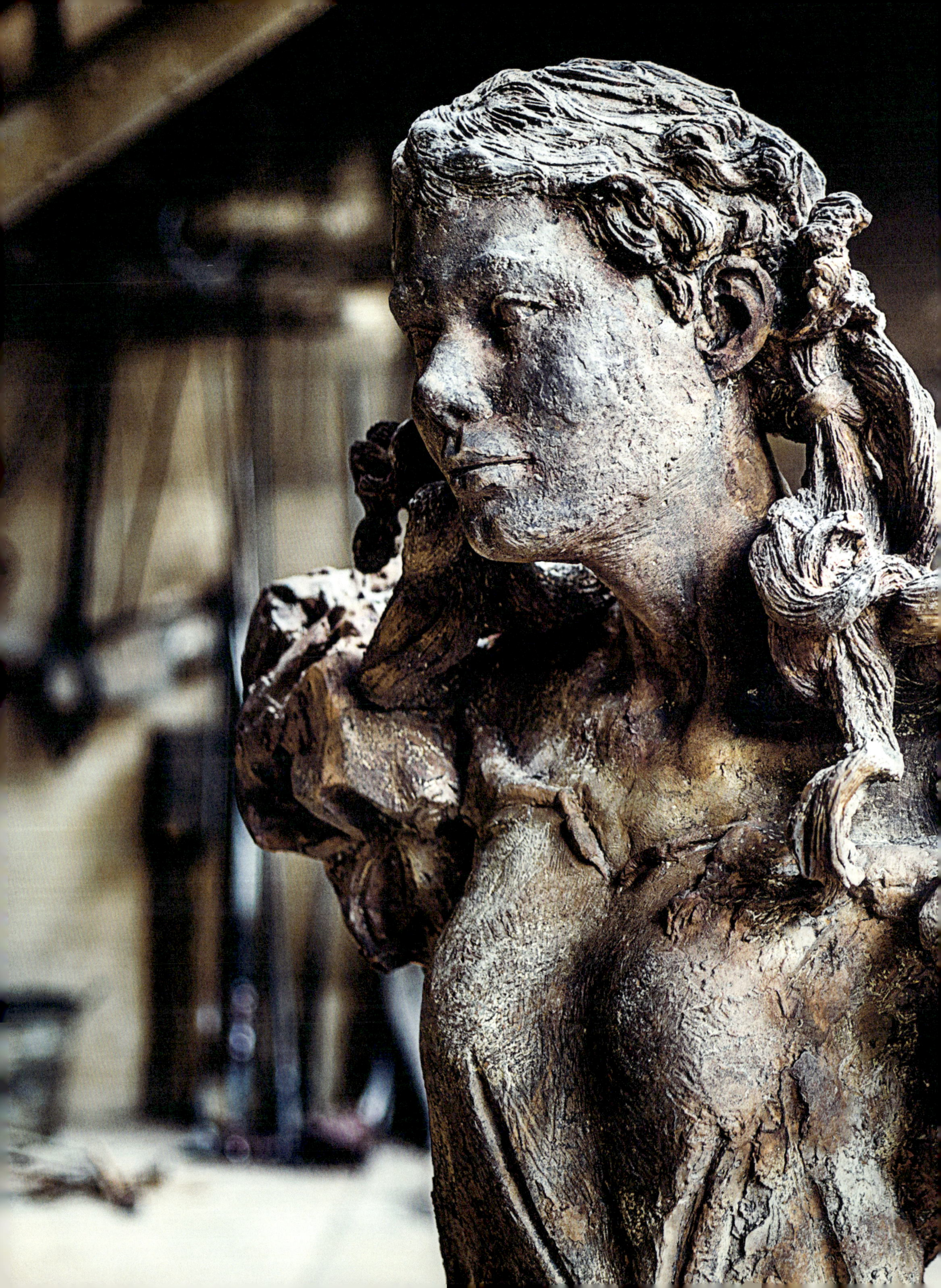

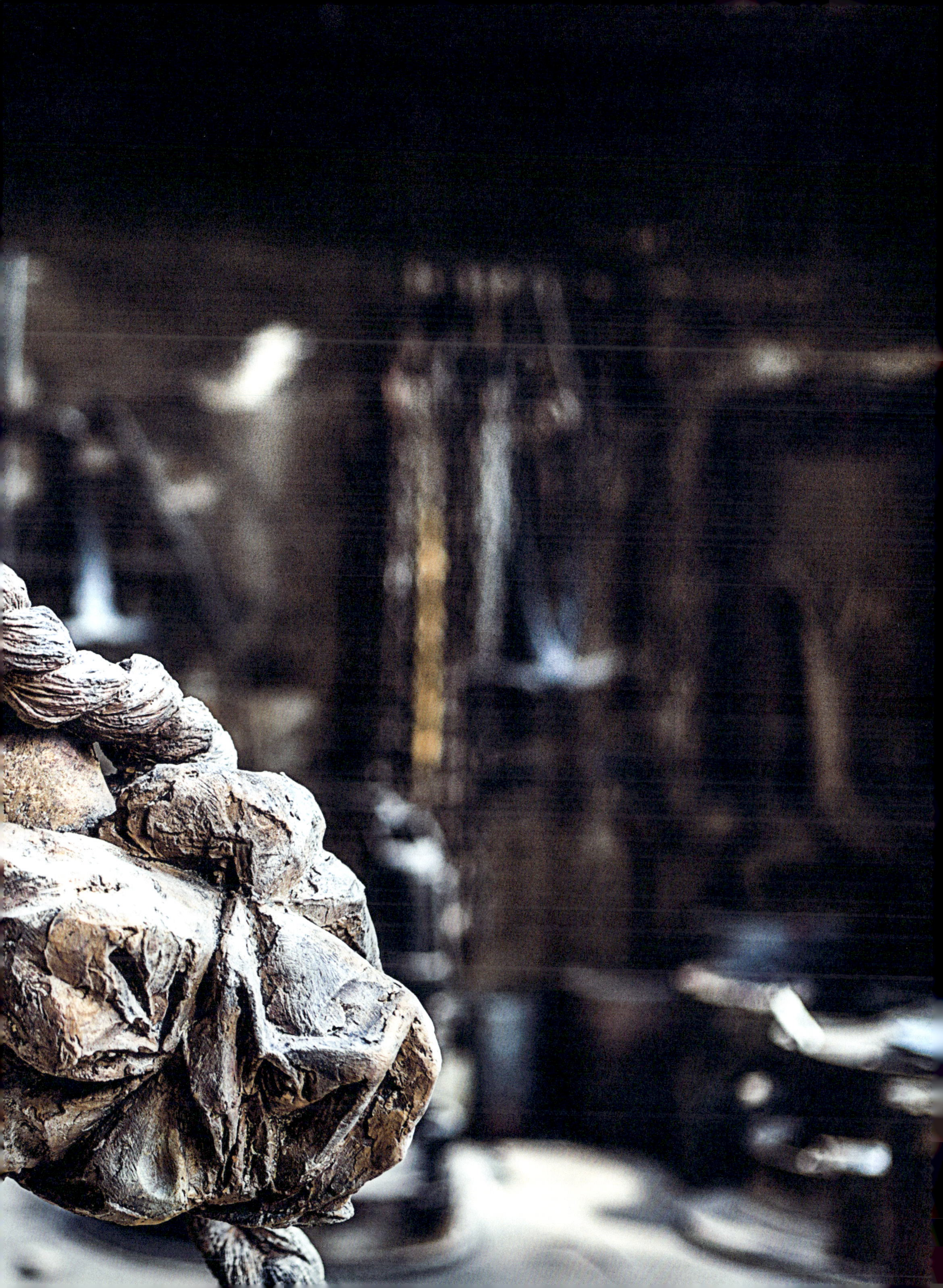

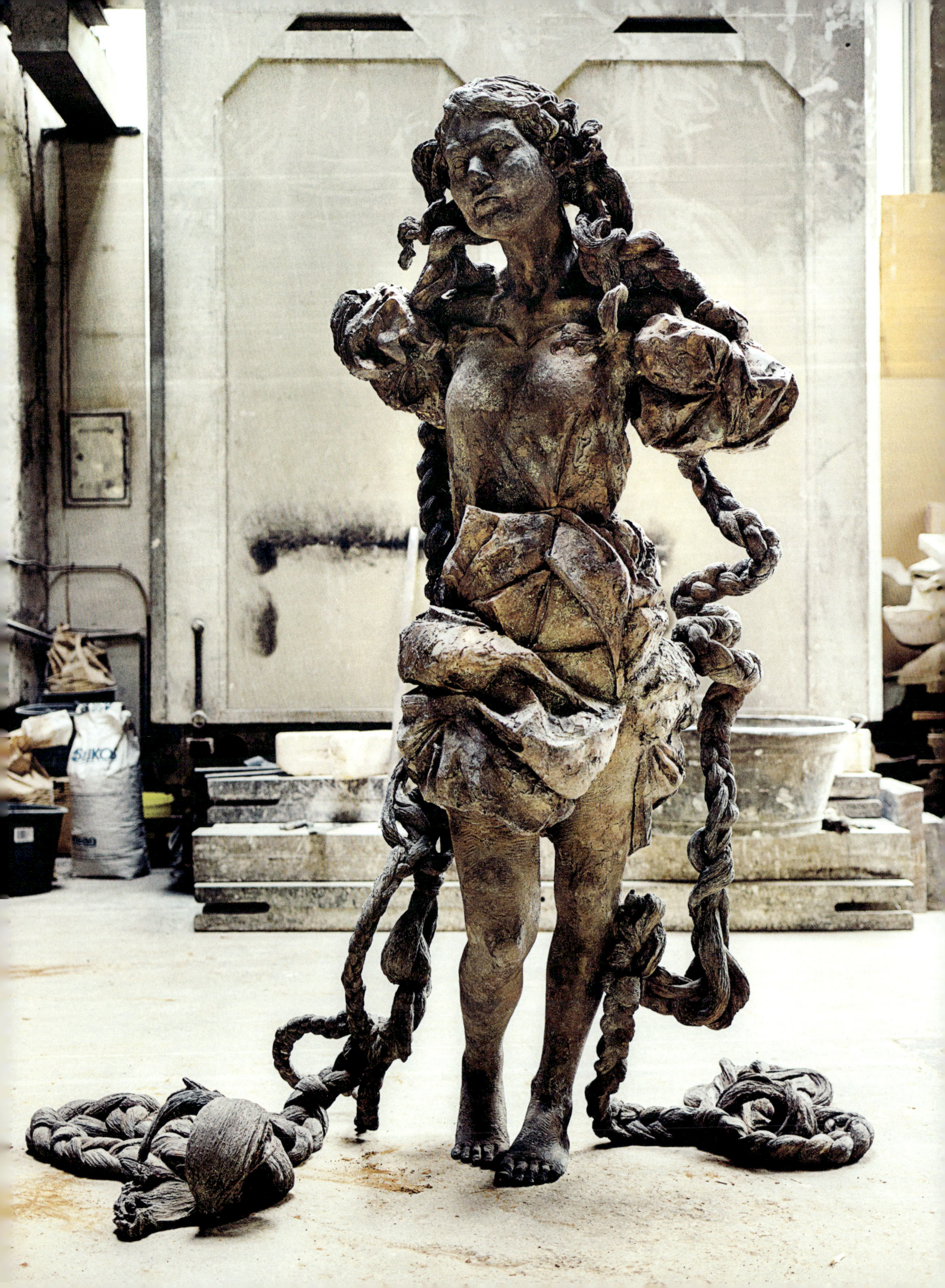

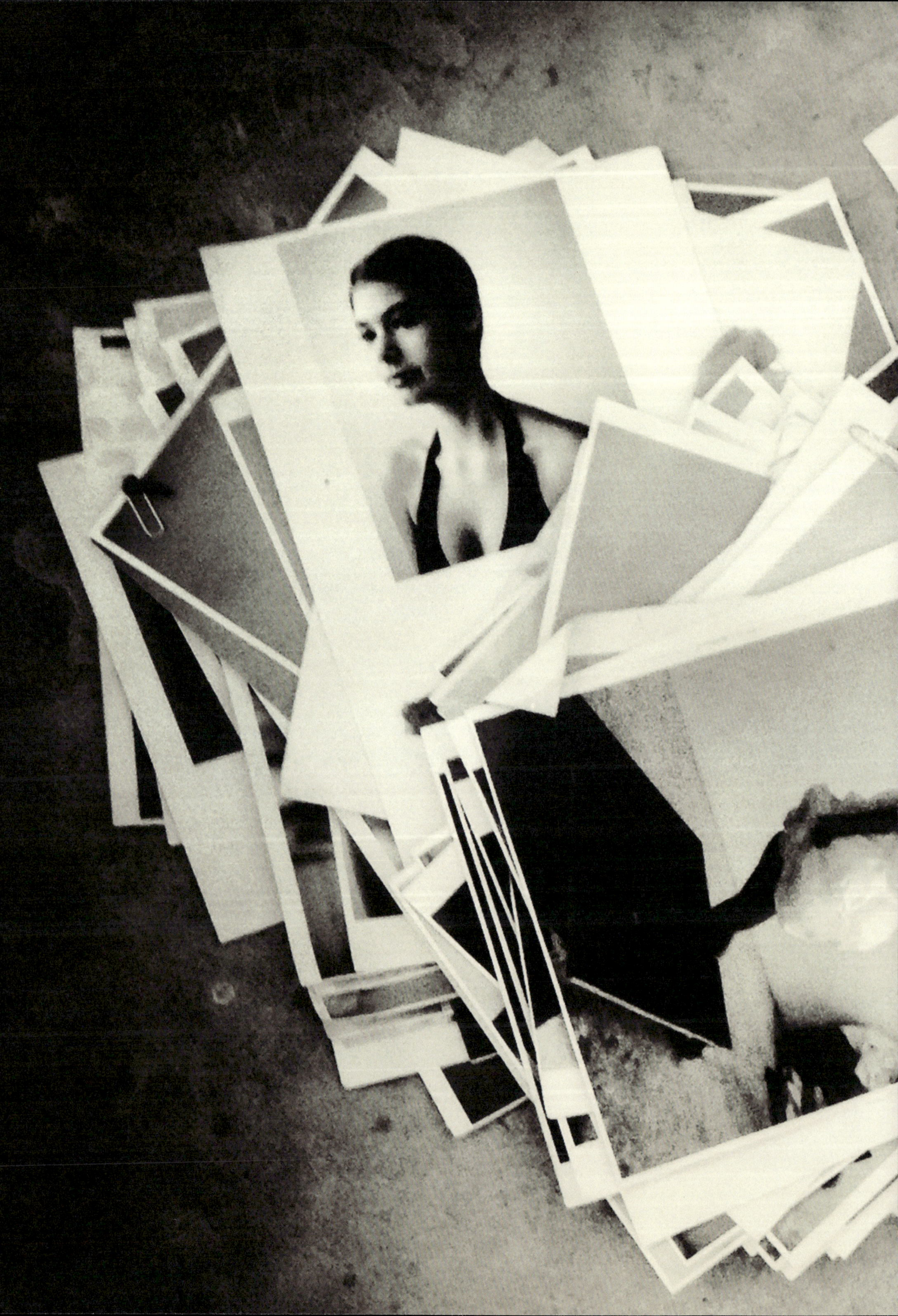

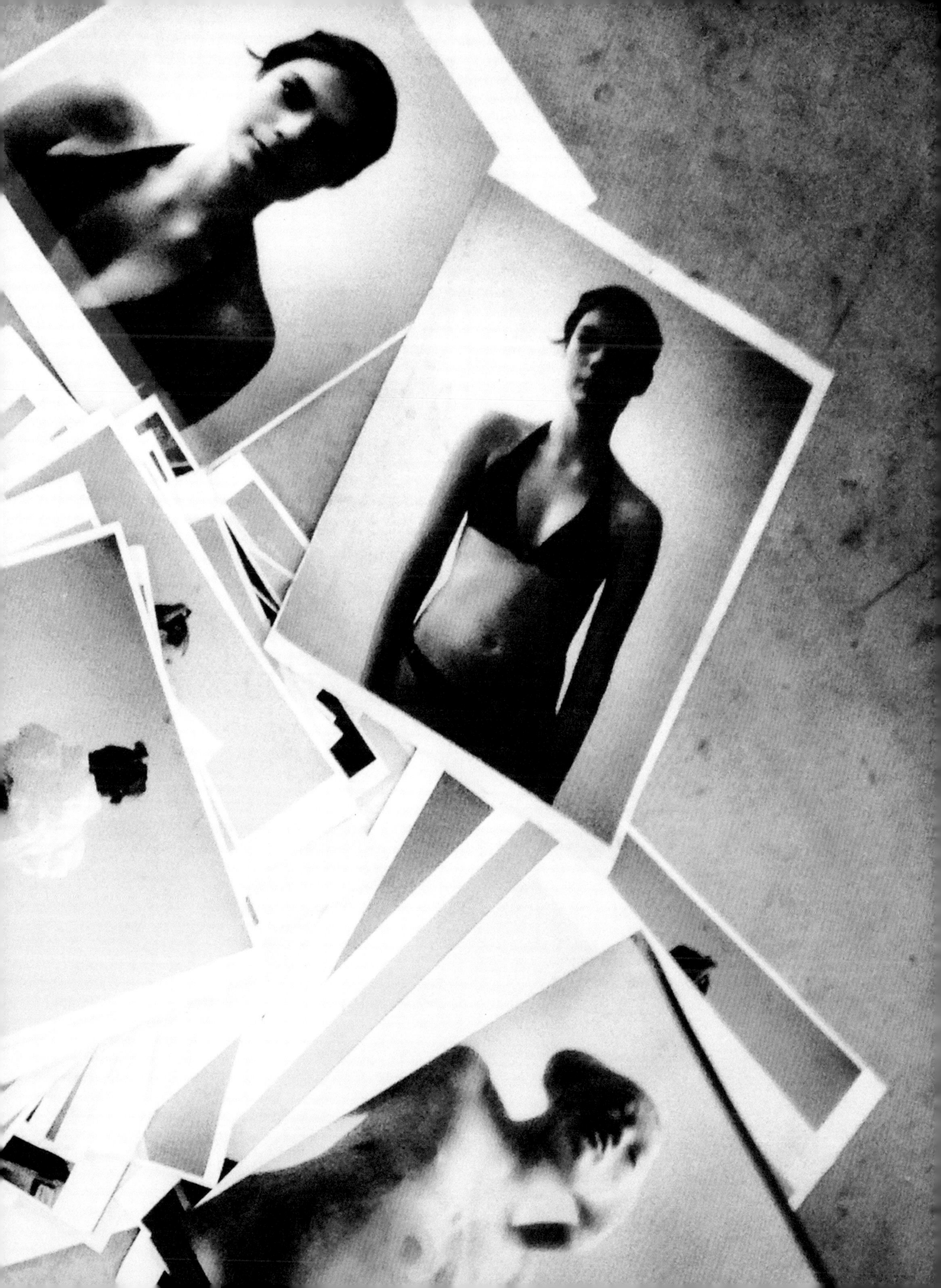

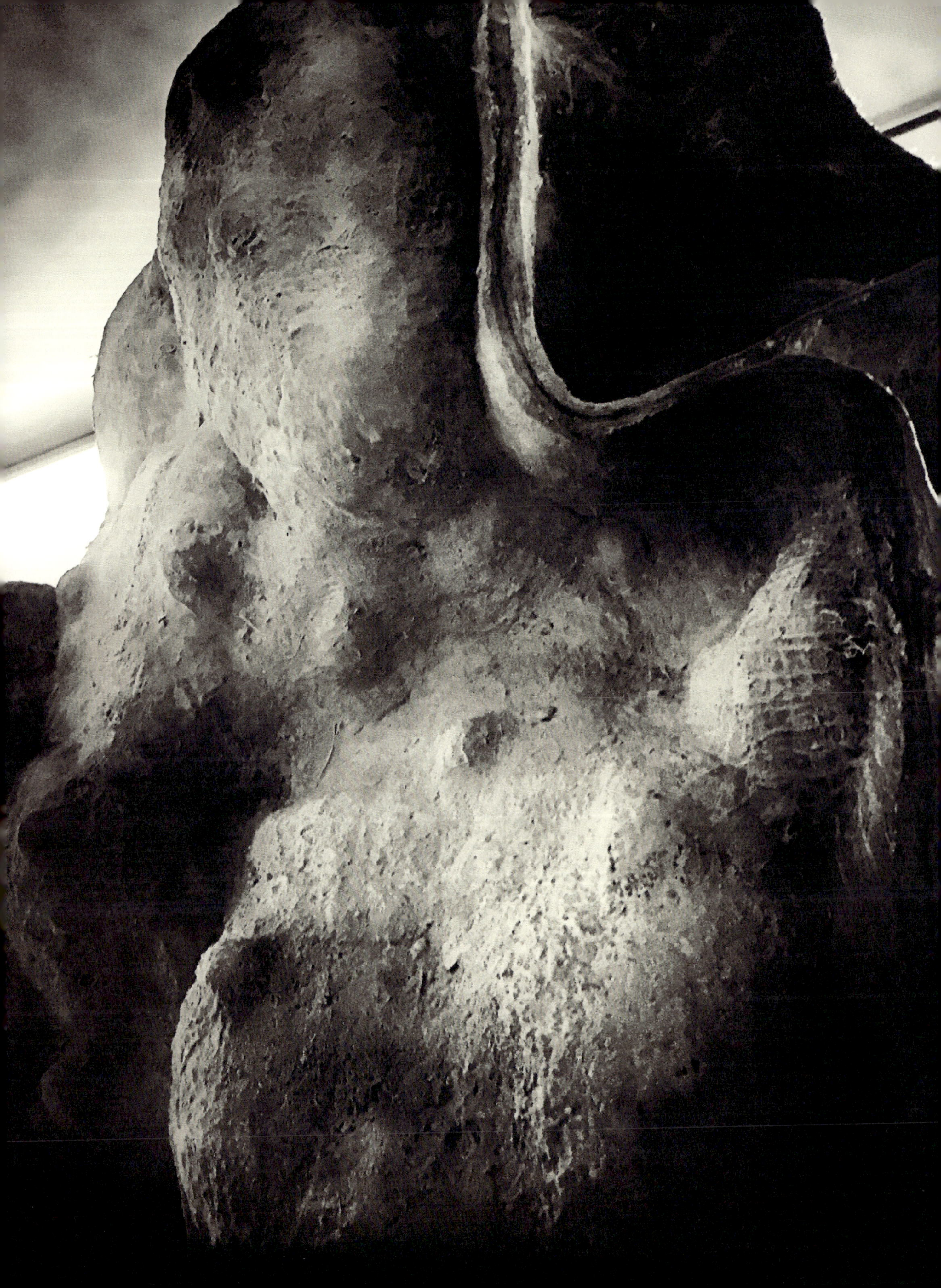

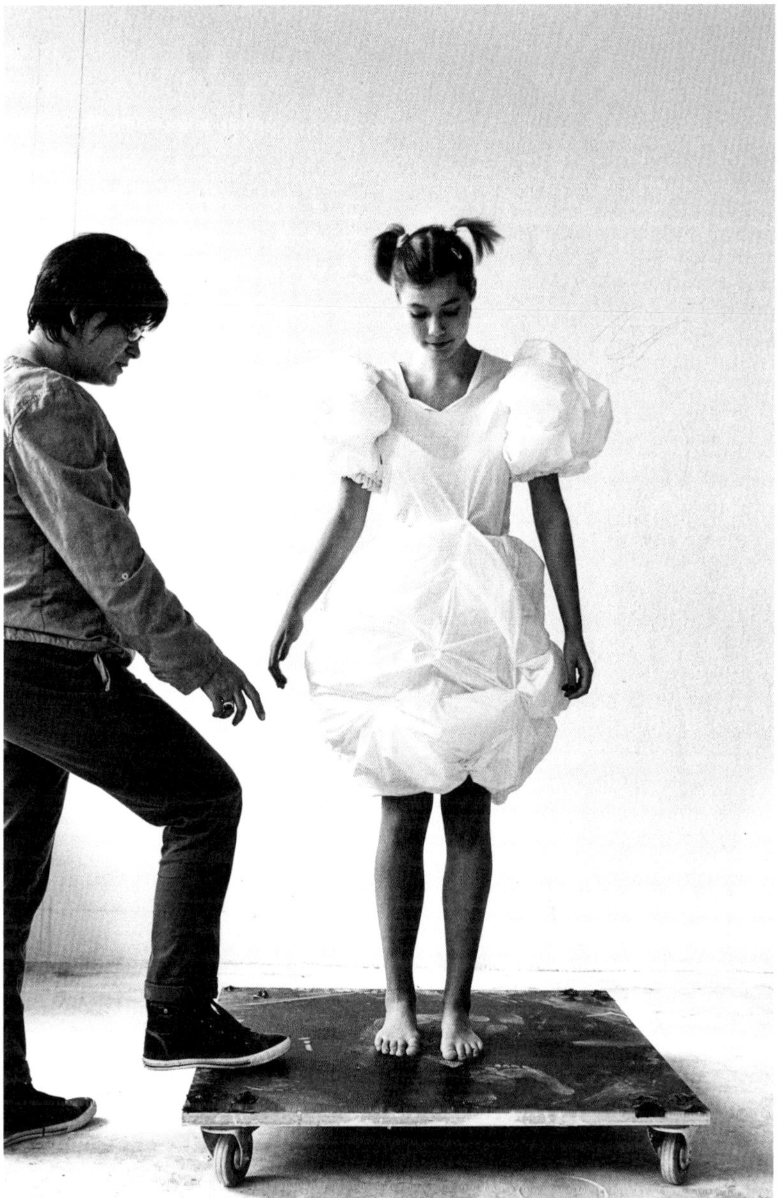

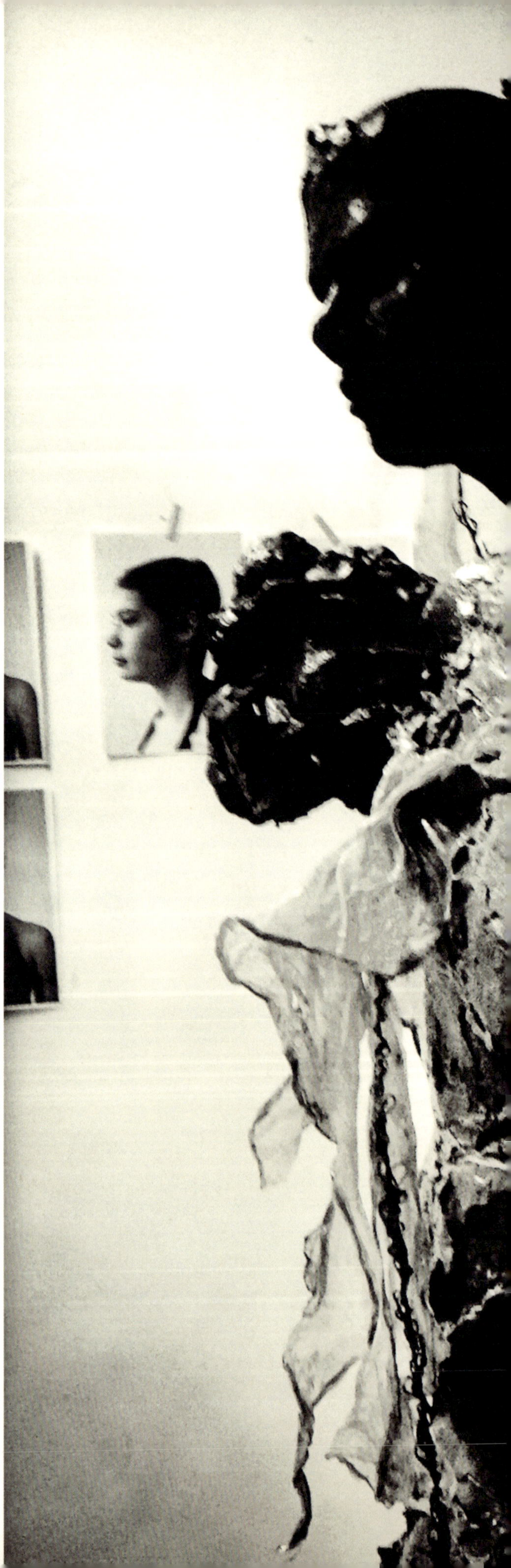

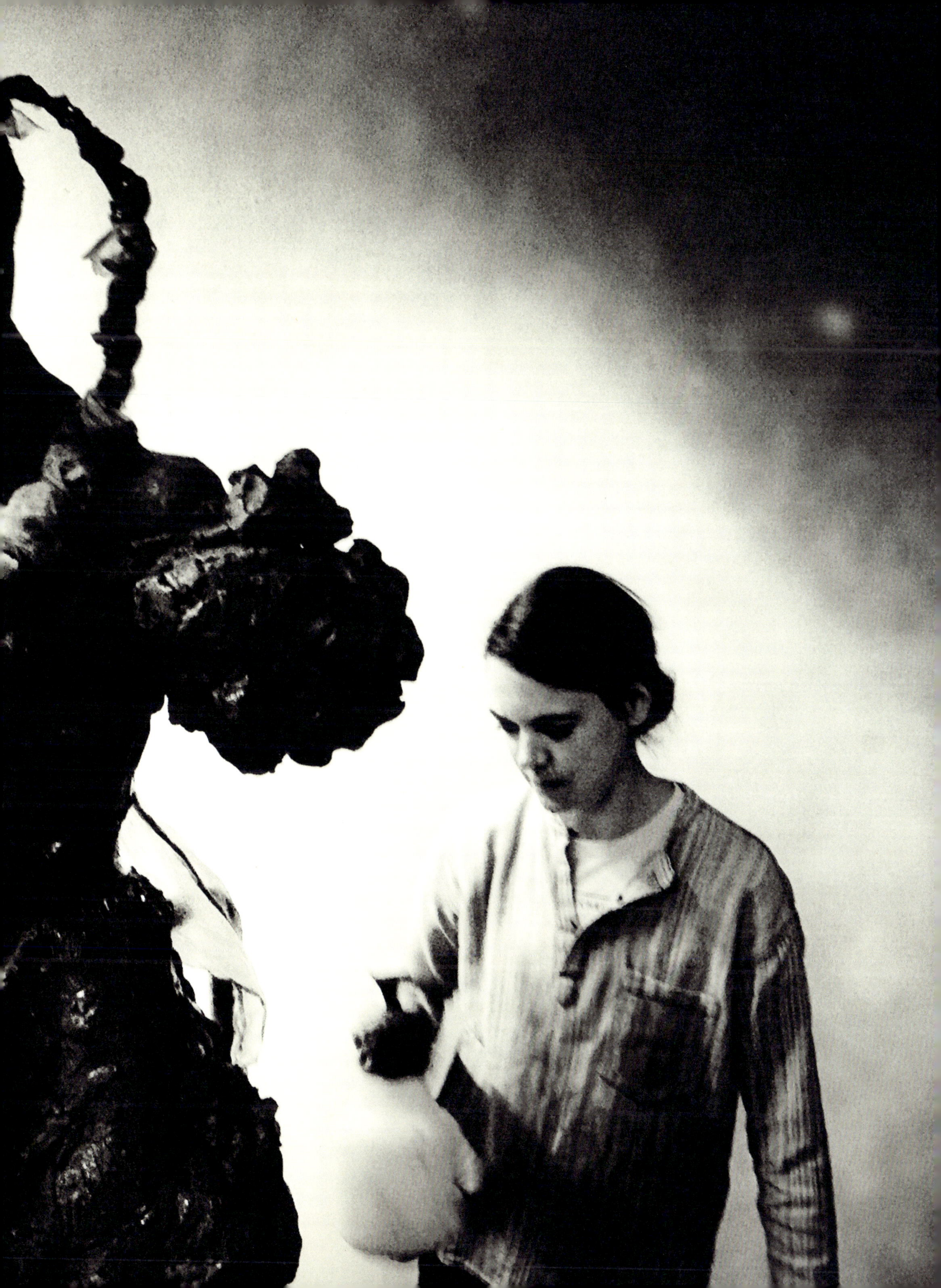

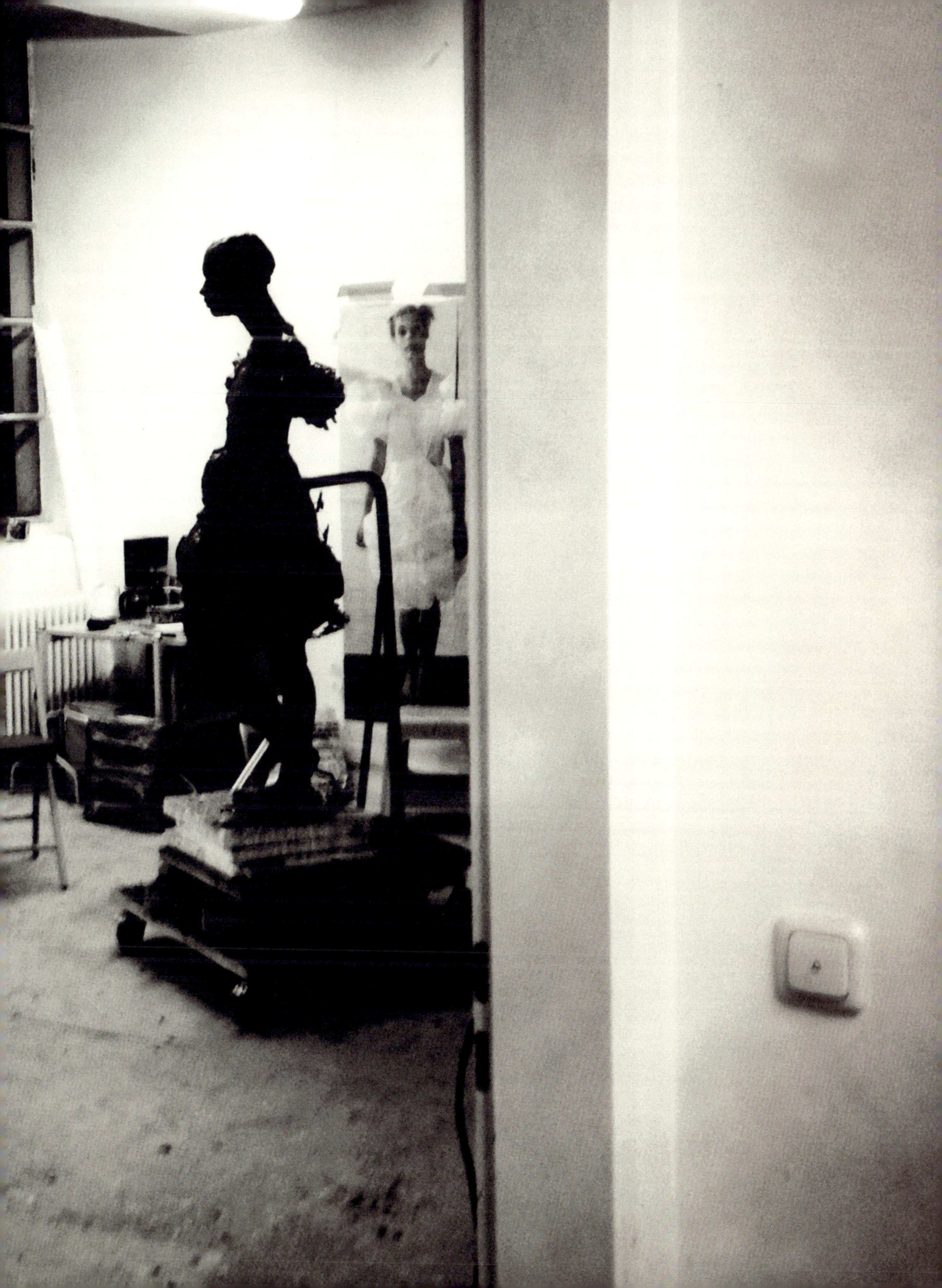

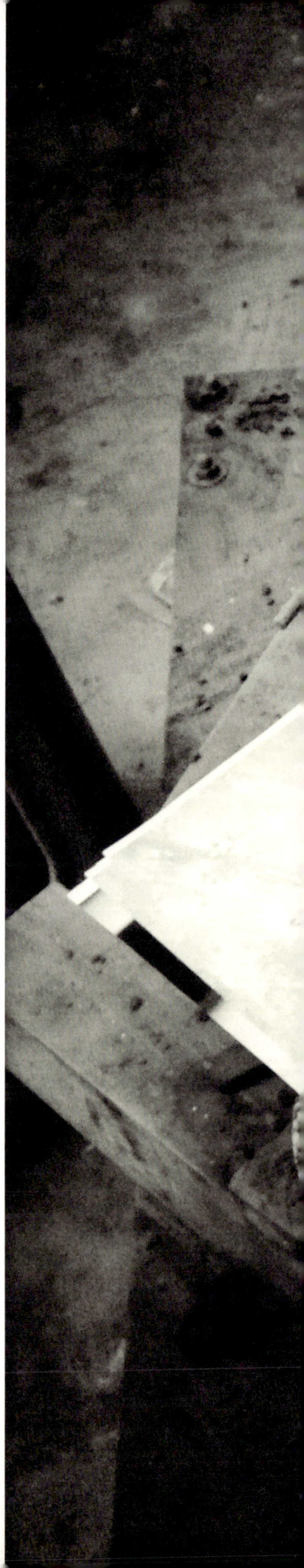

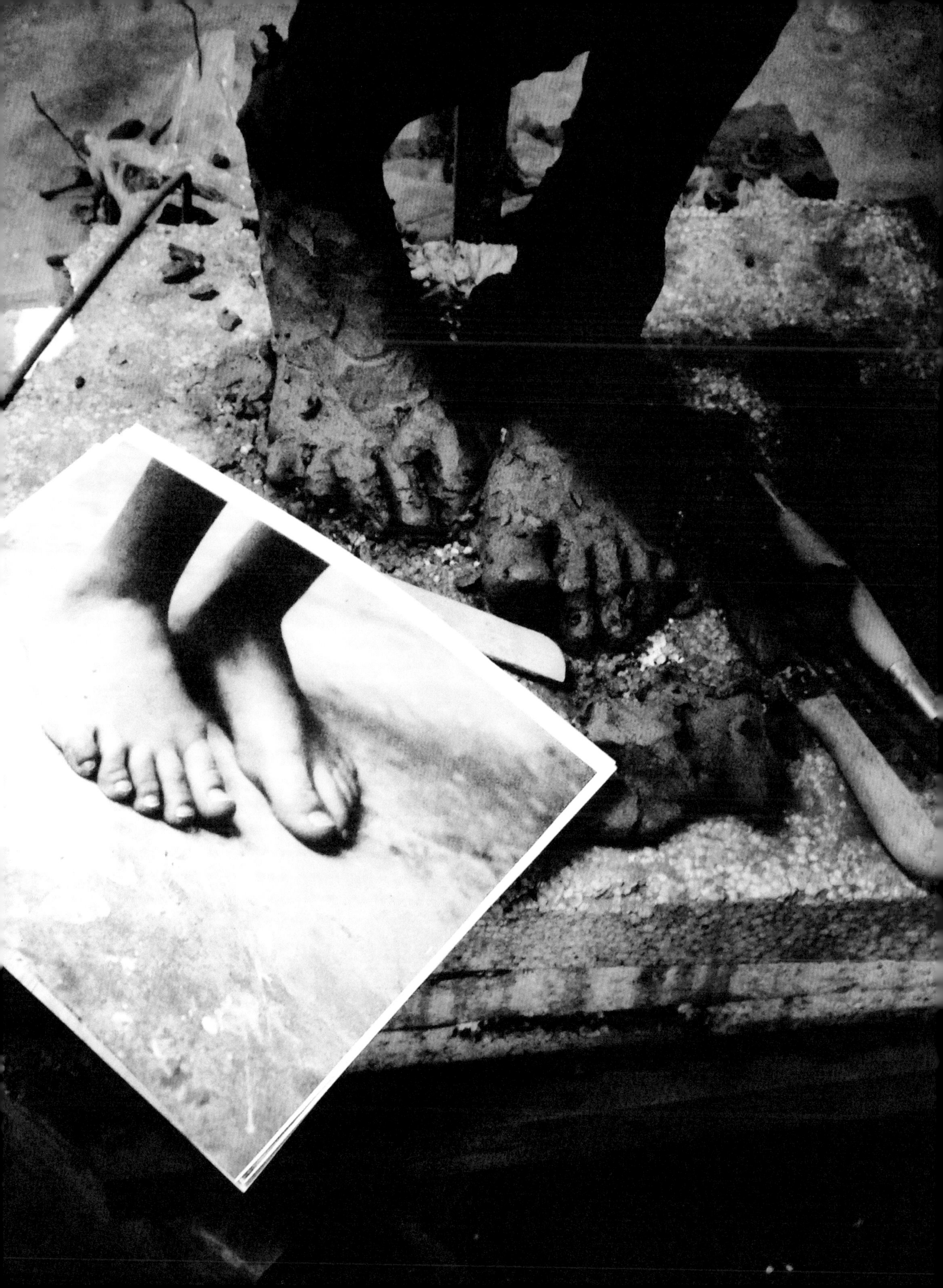

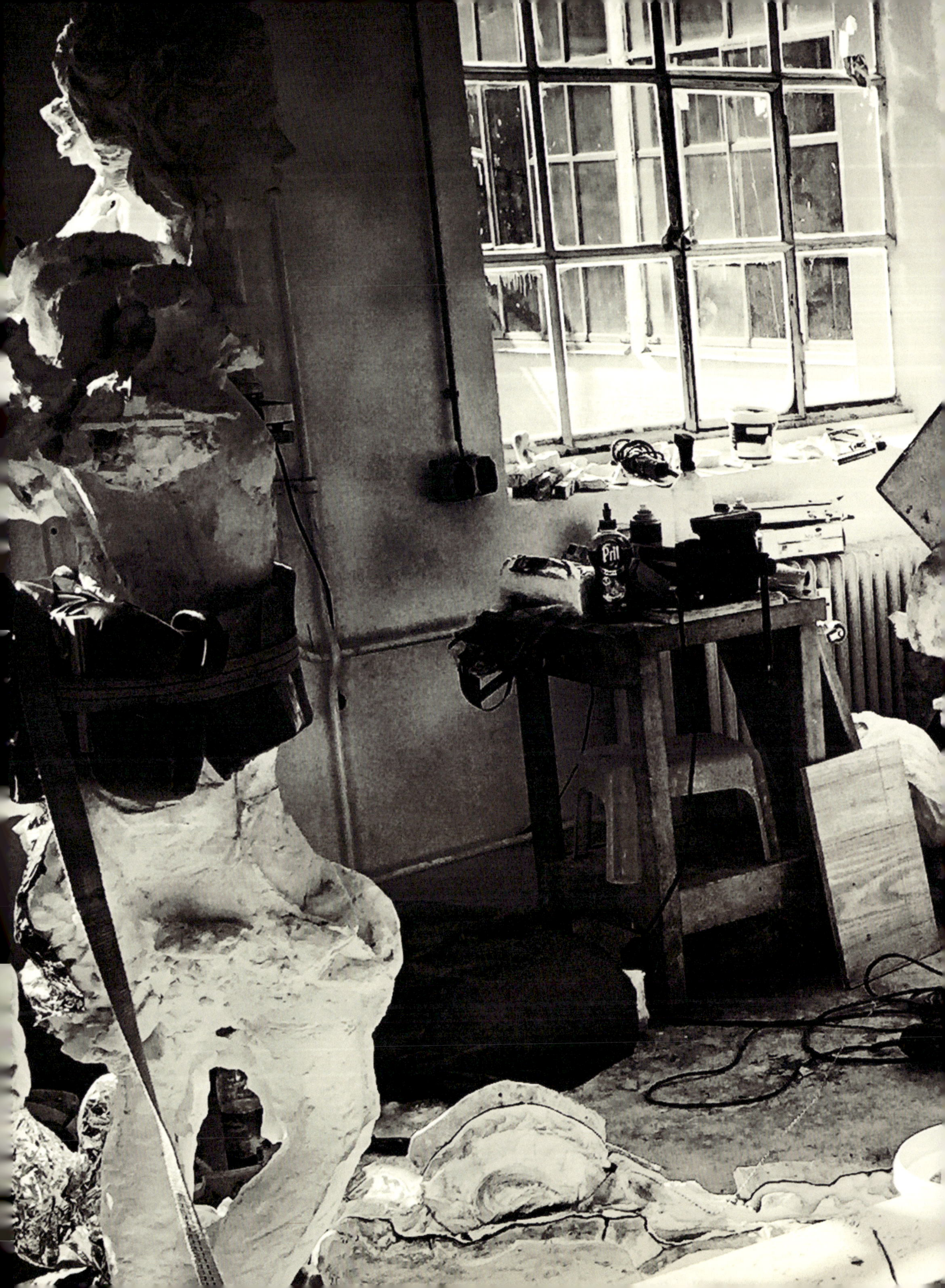
Pril

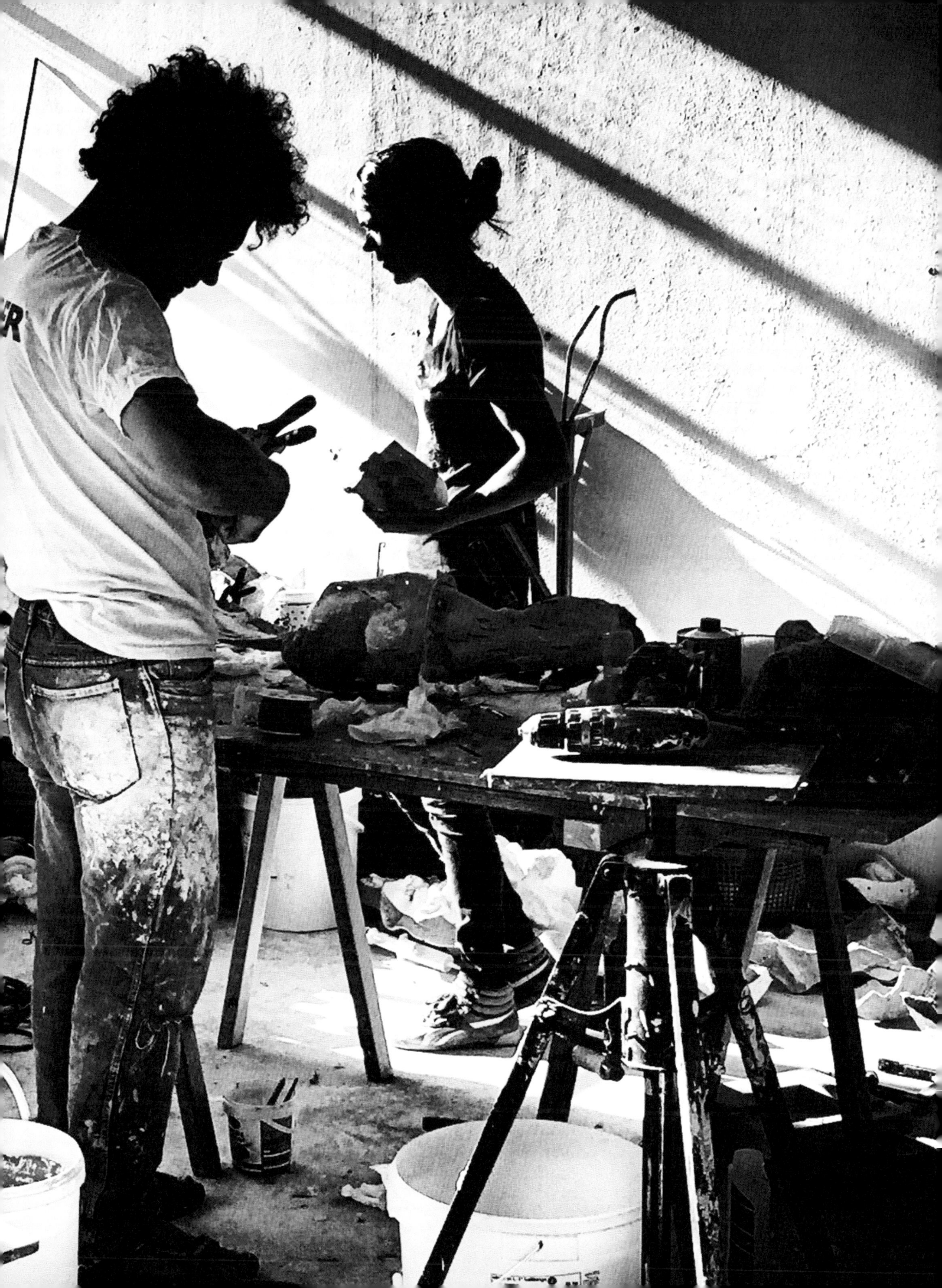

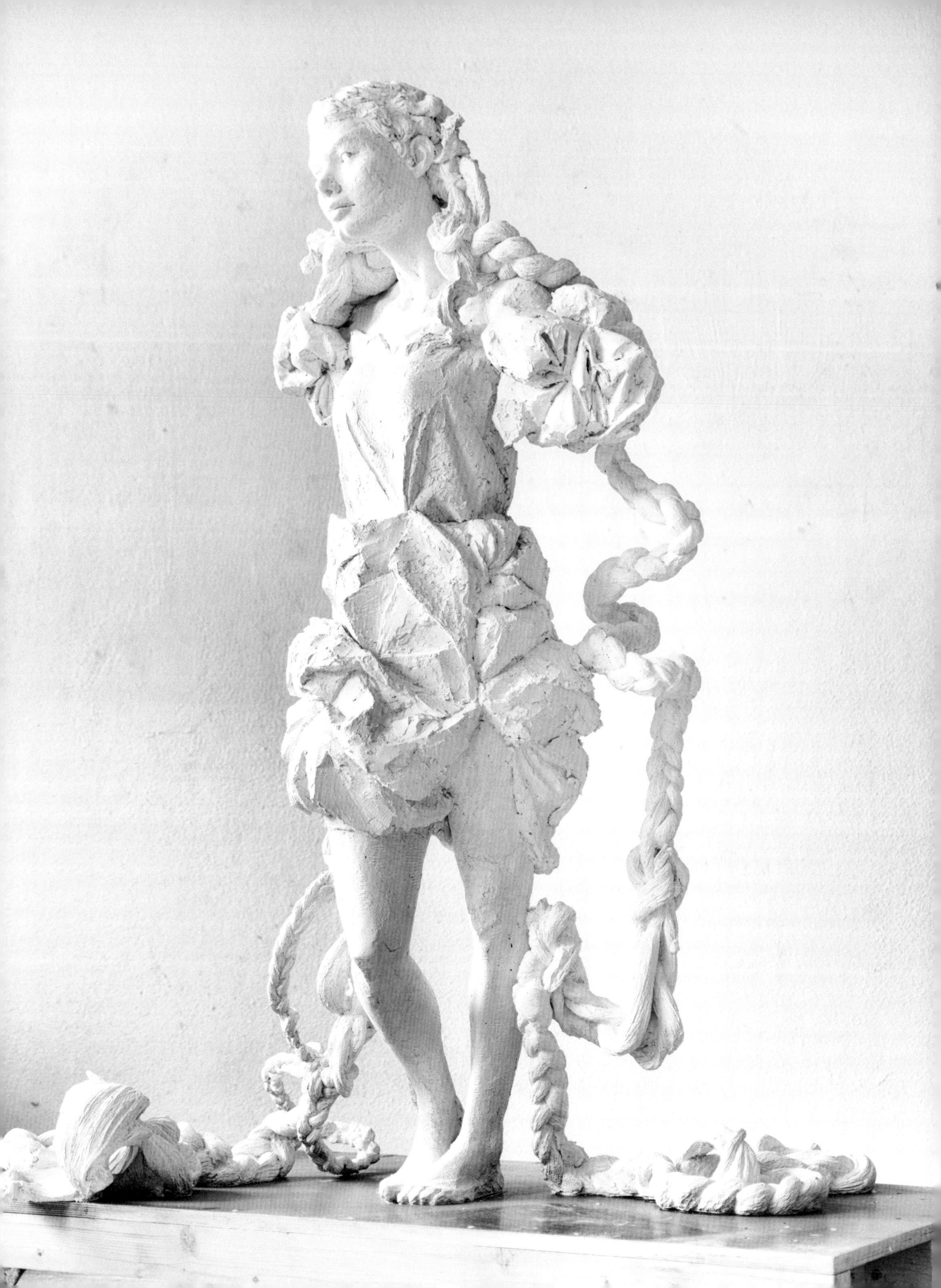

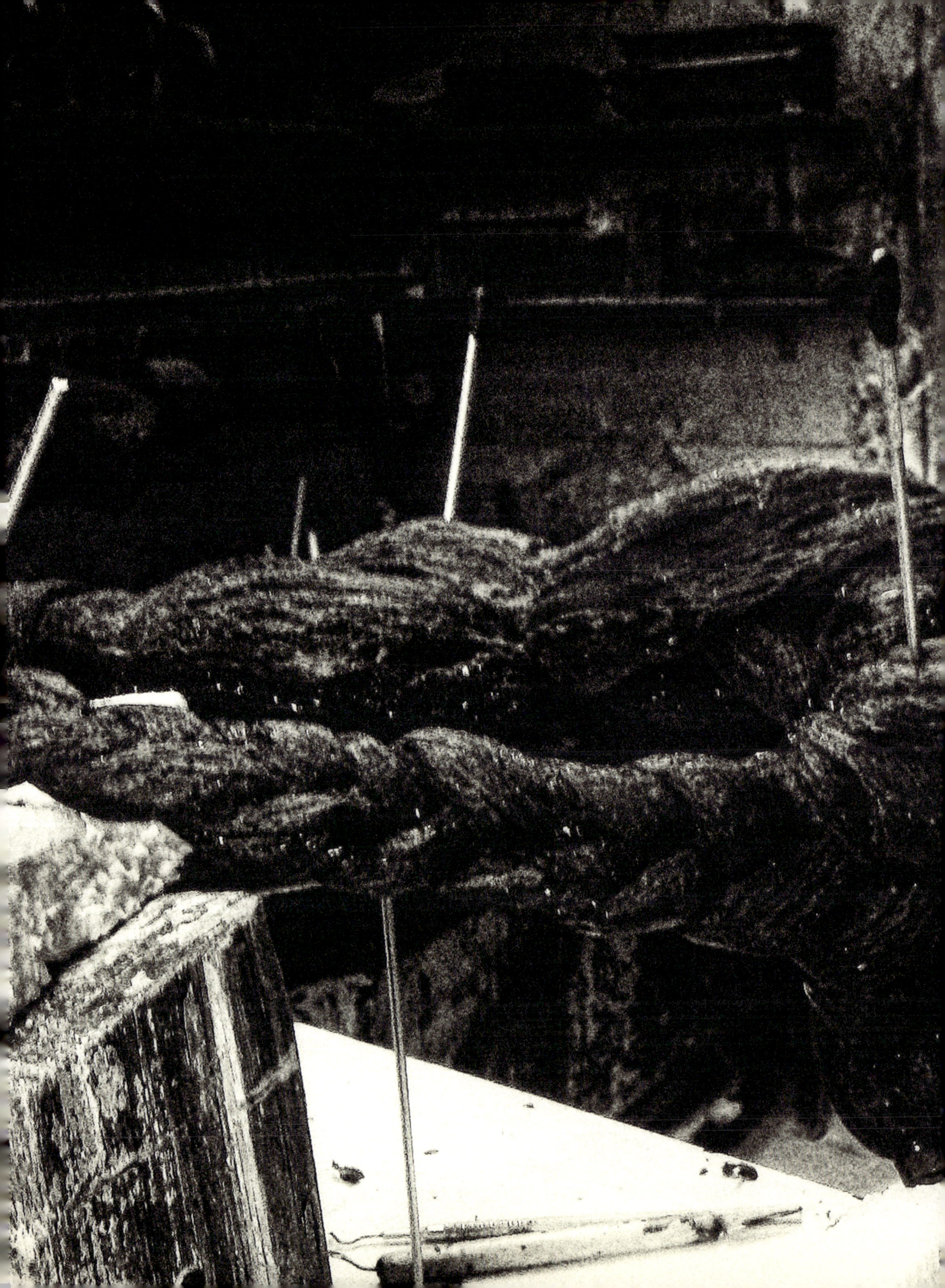

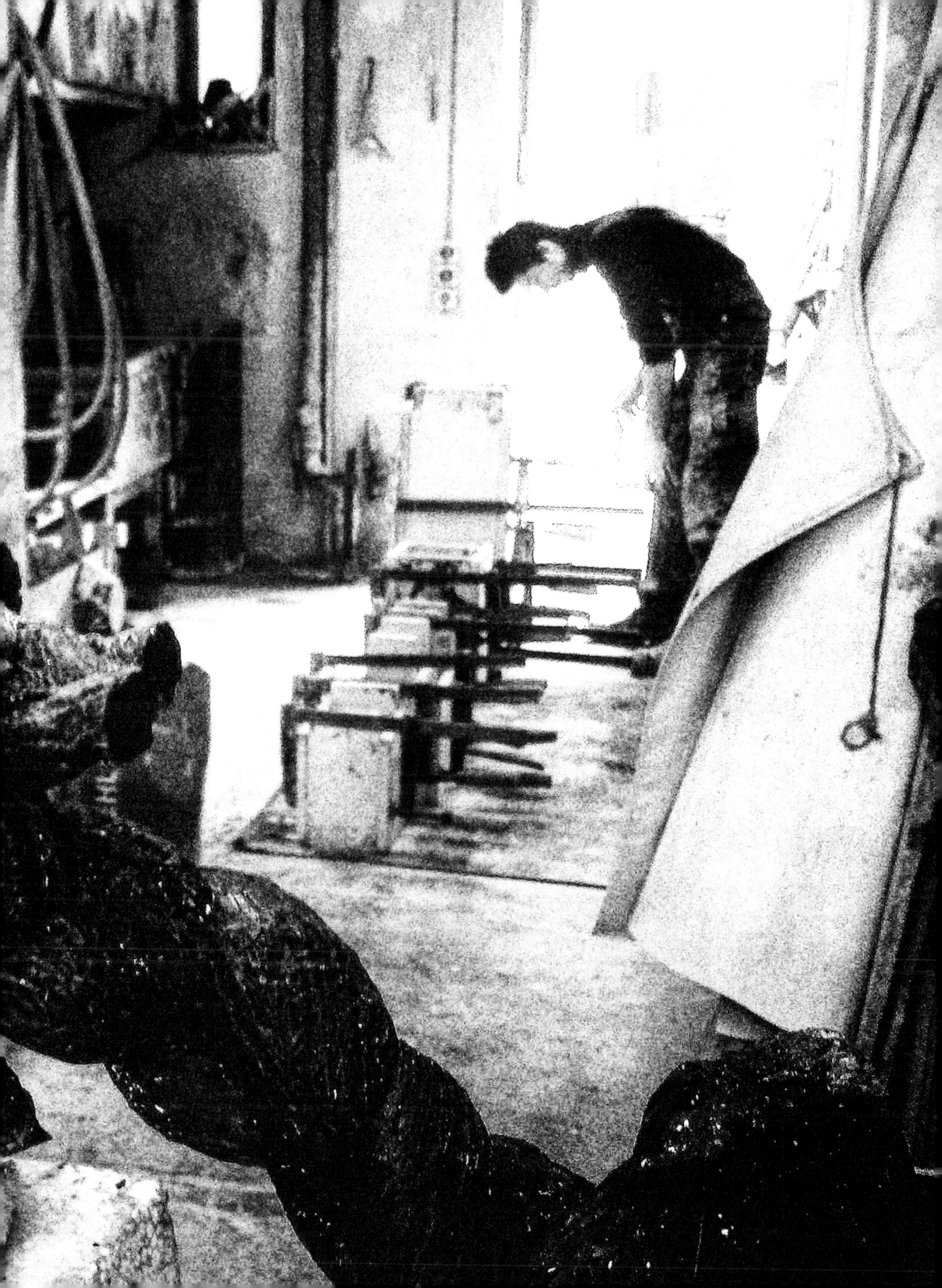

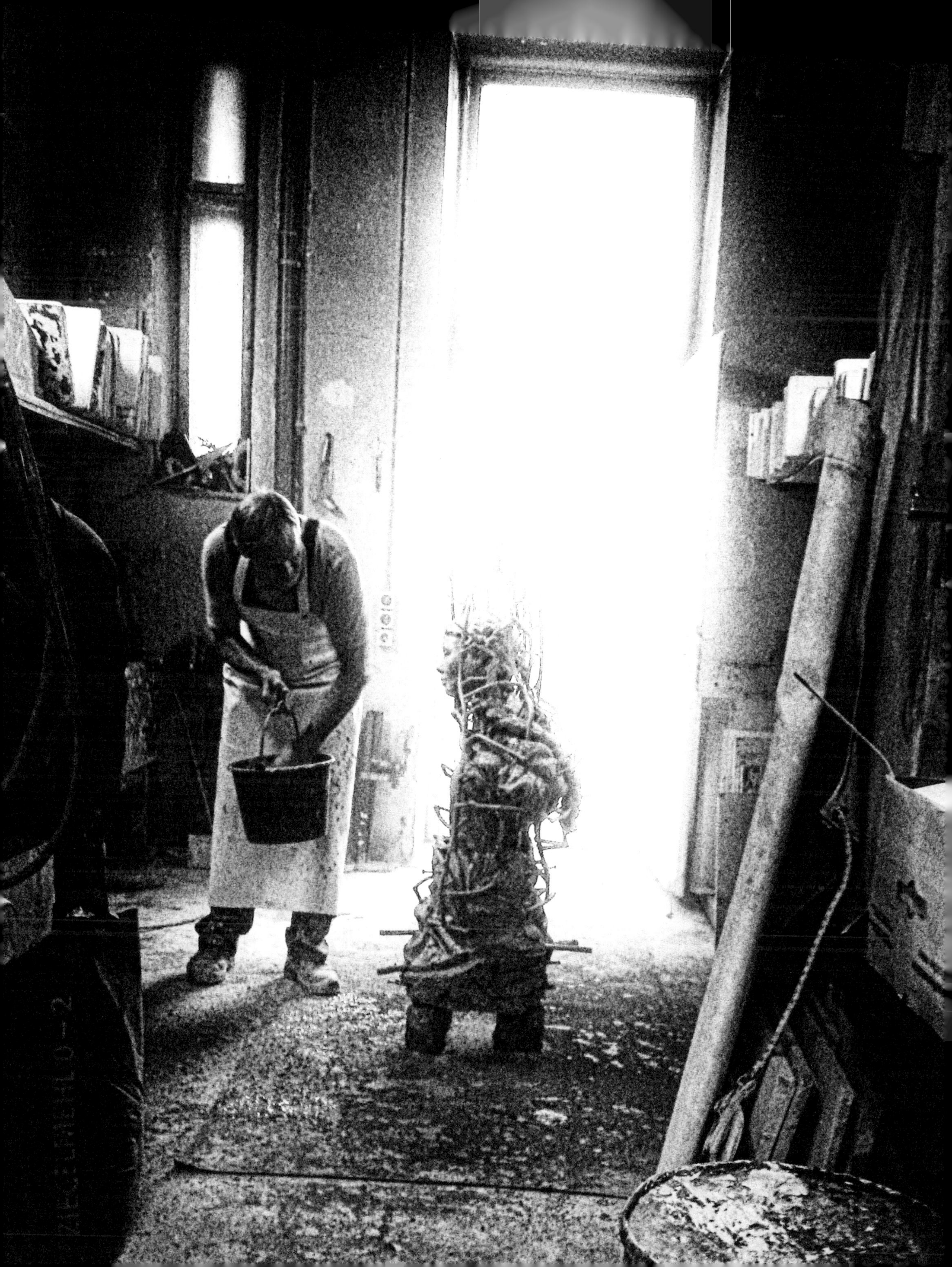

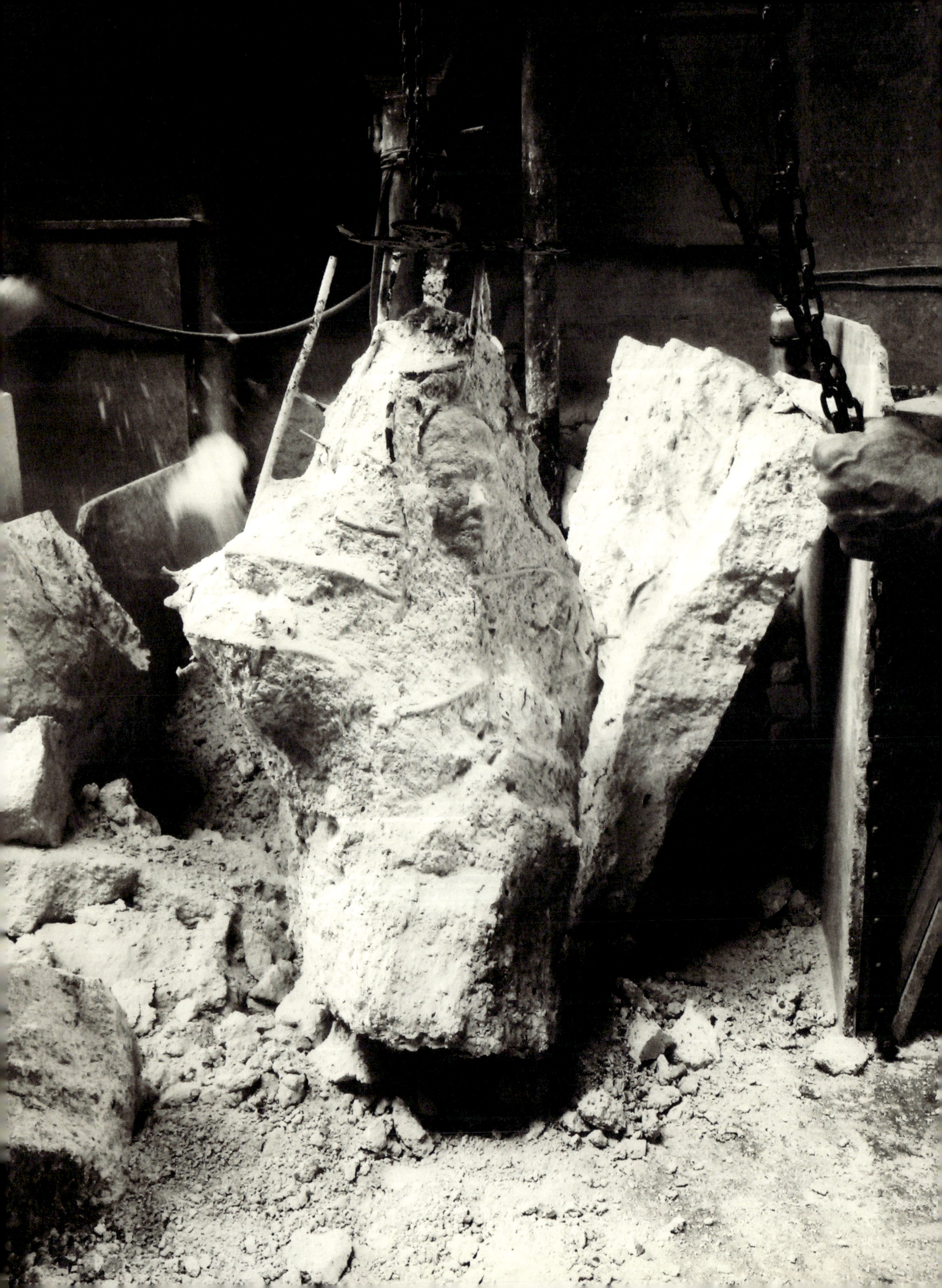

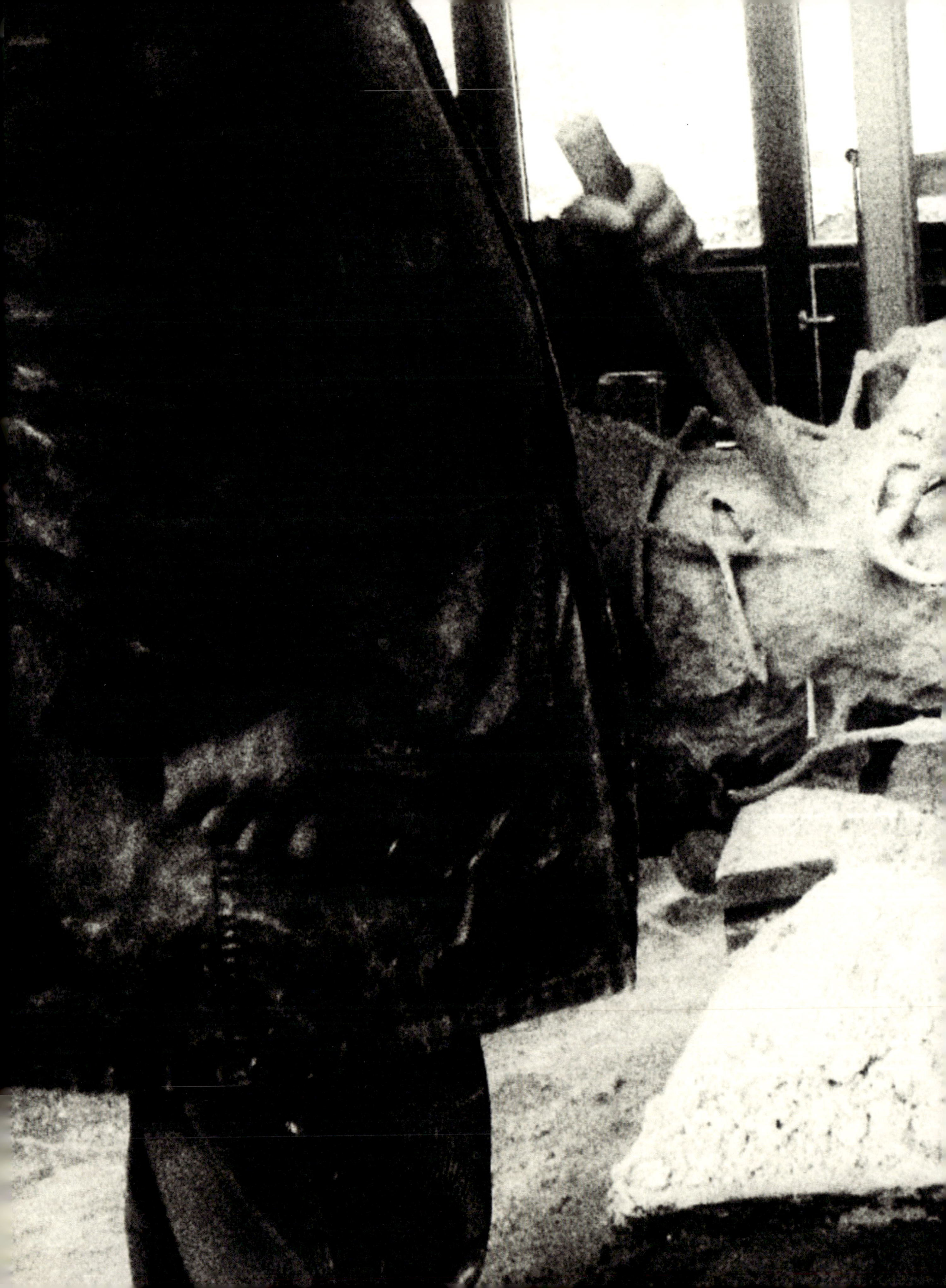

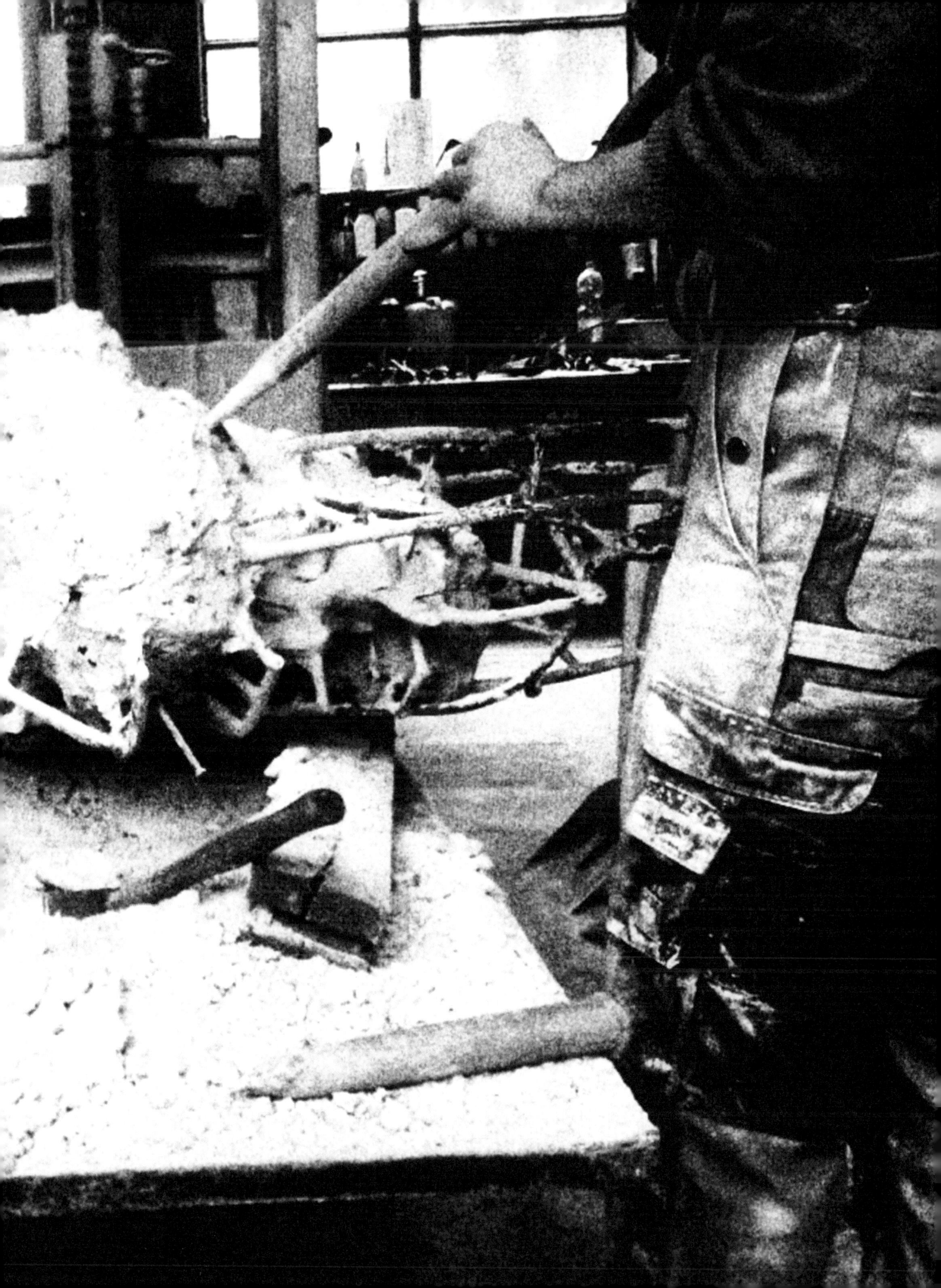

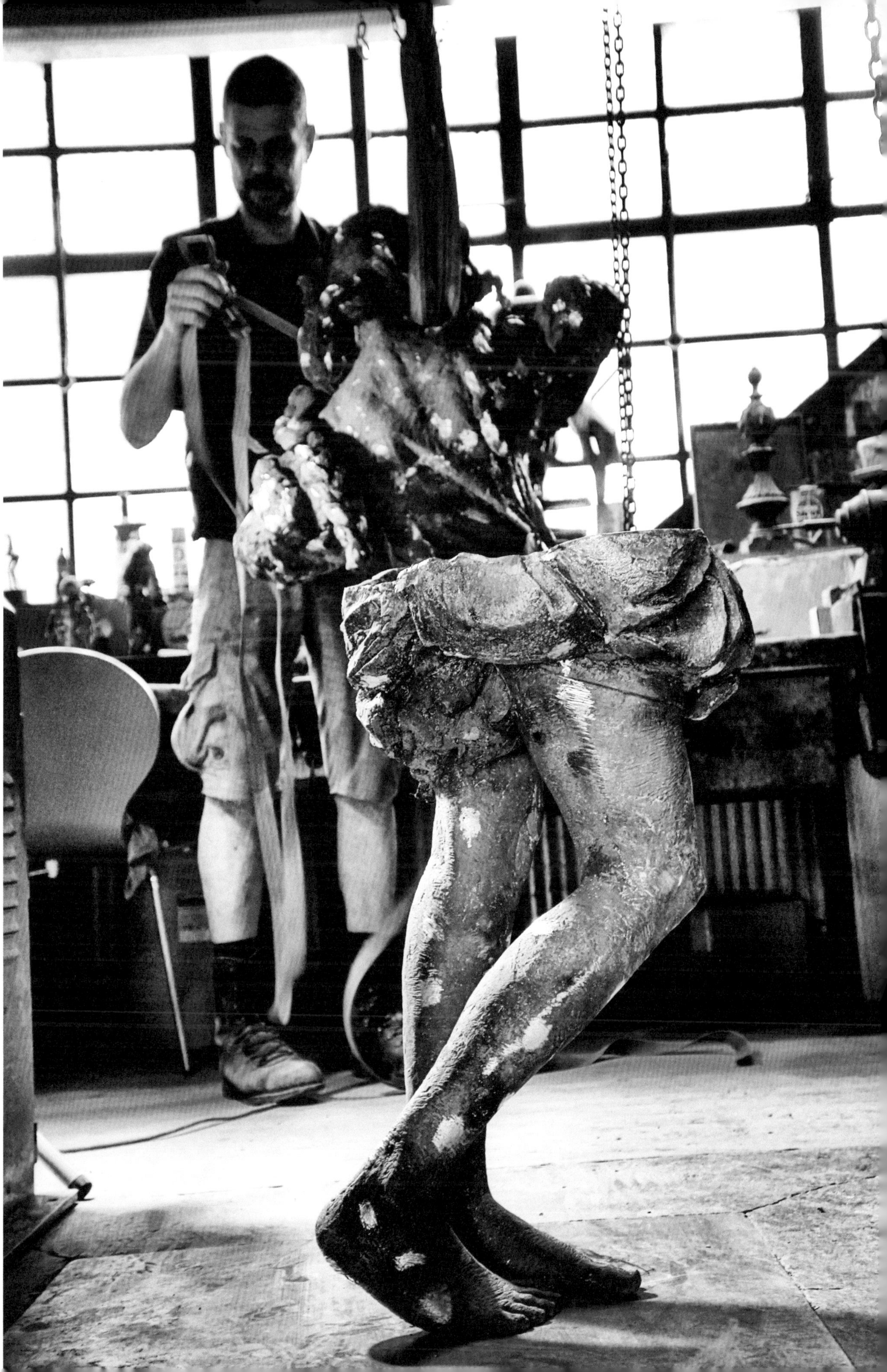

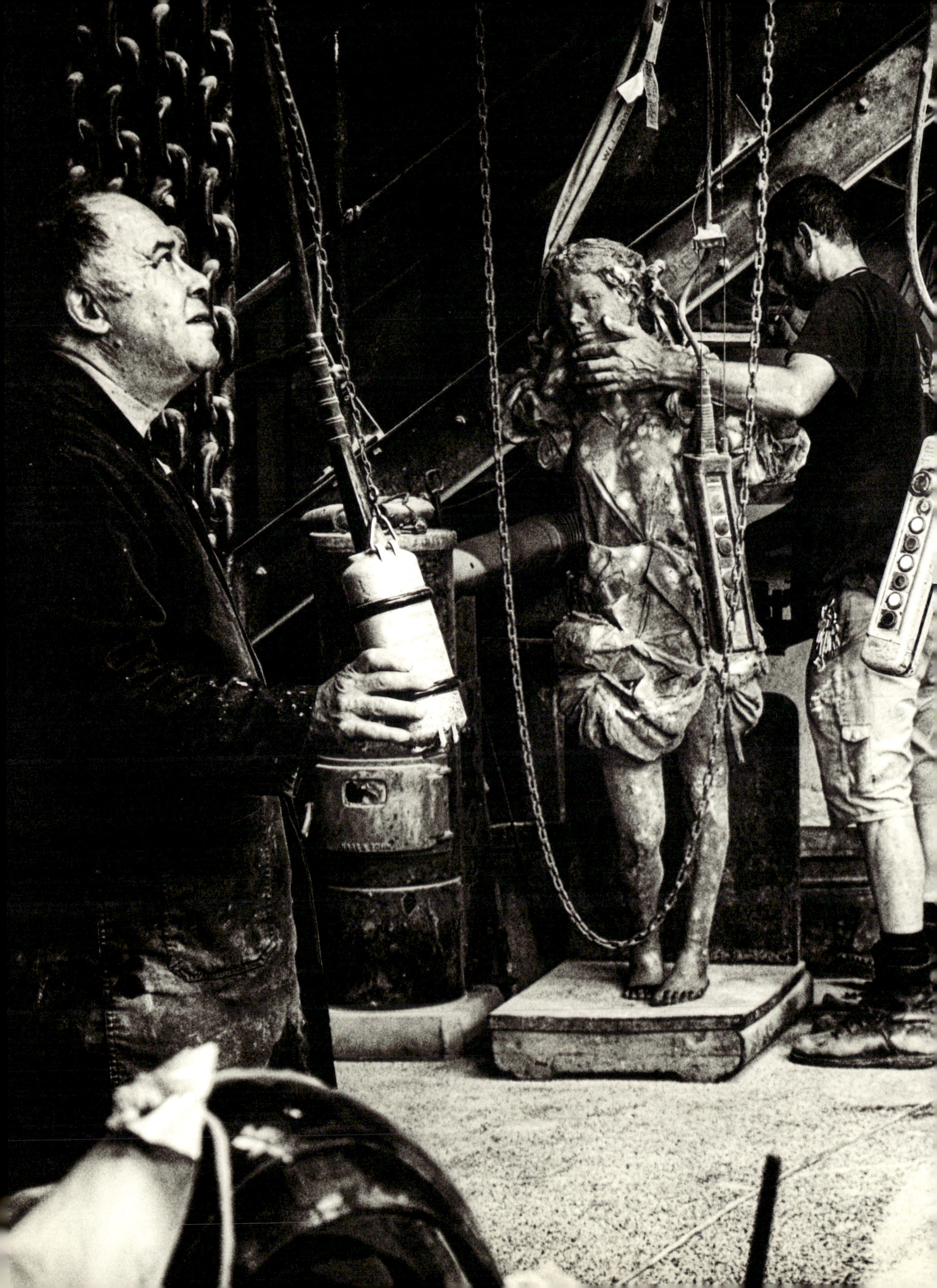

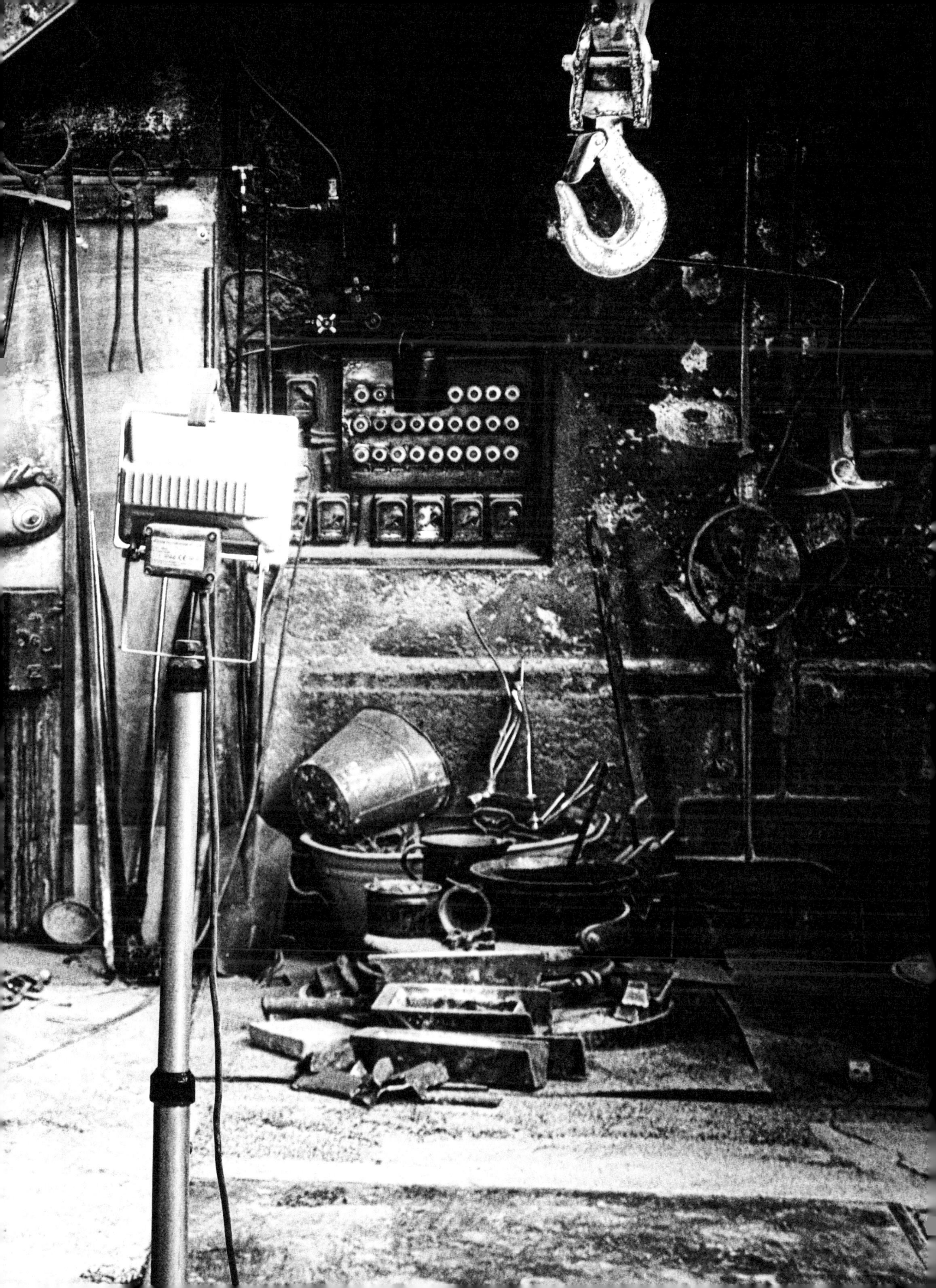

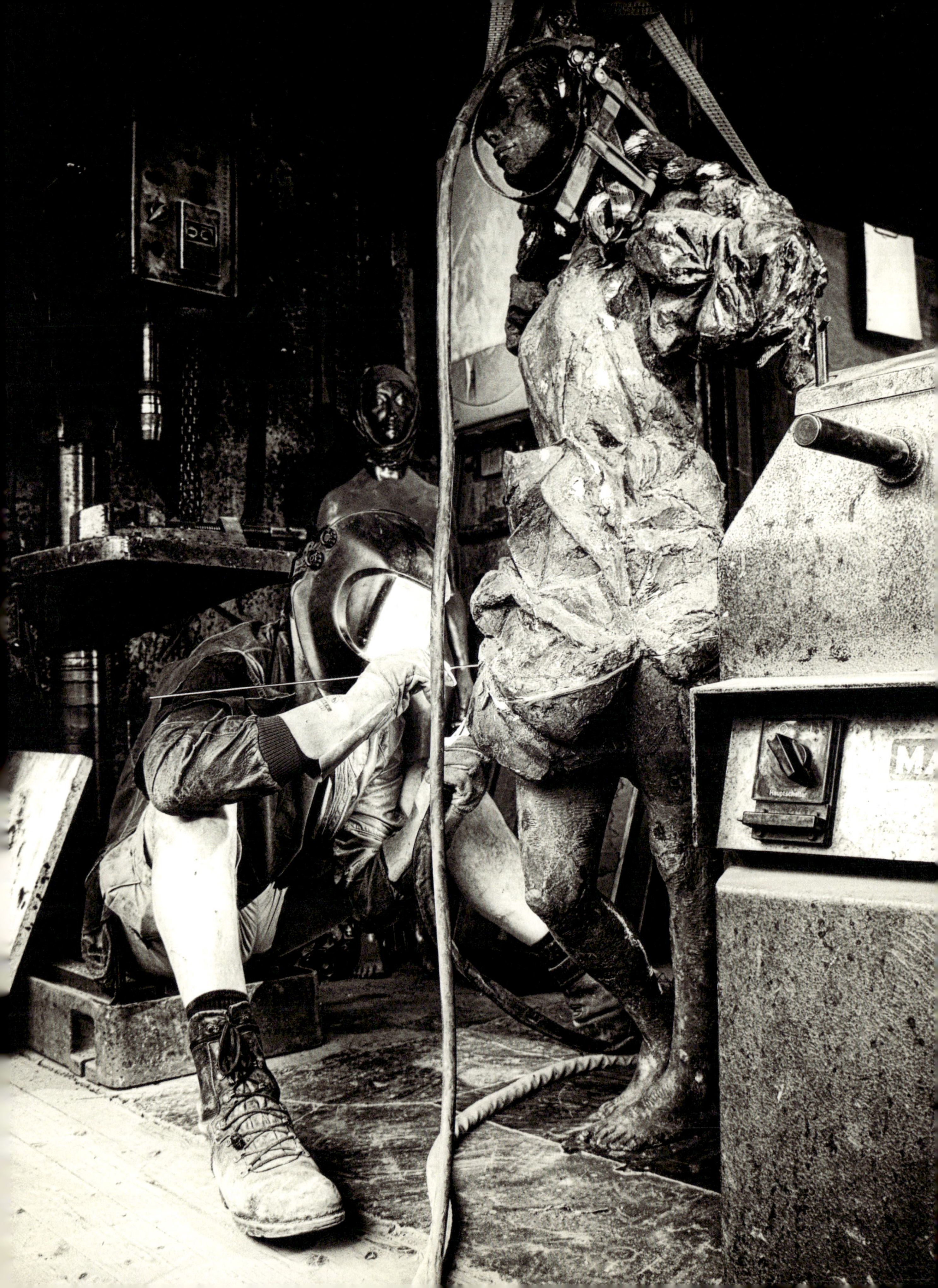

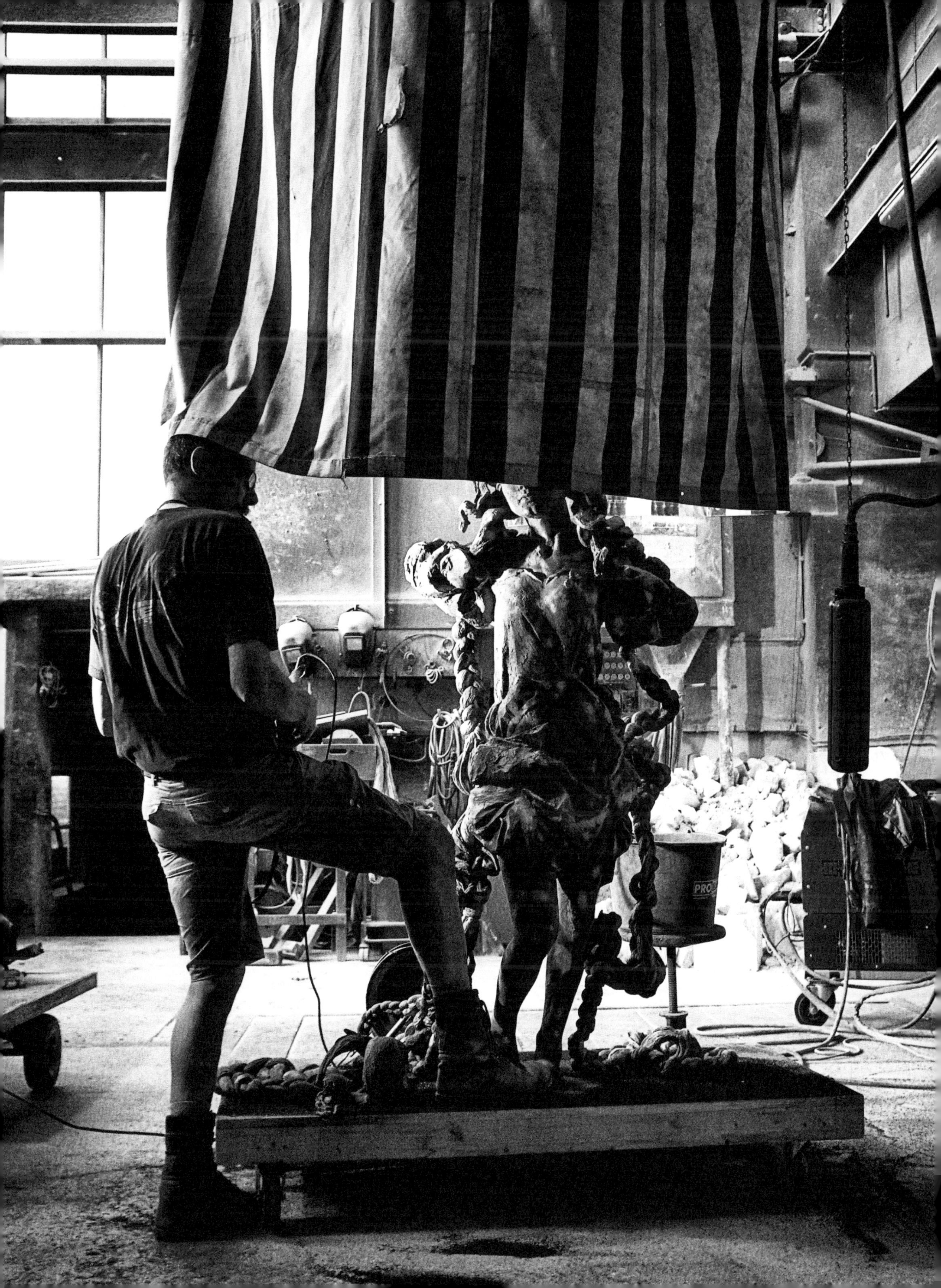

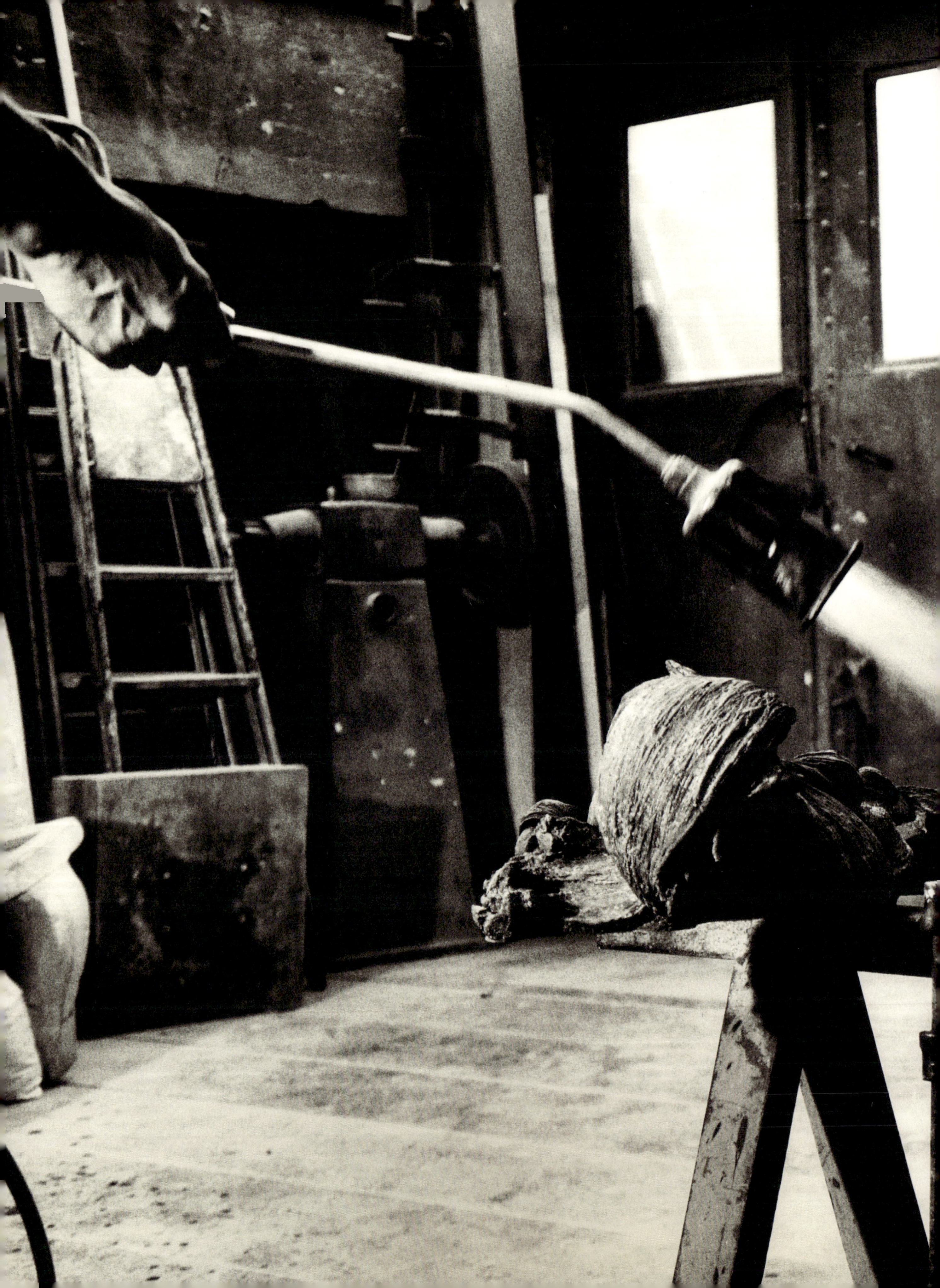

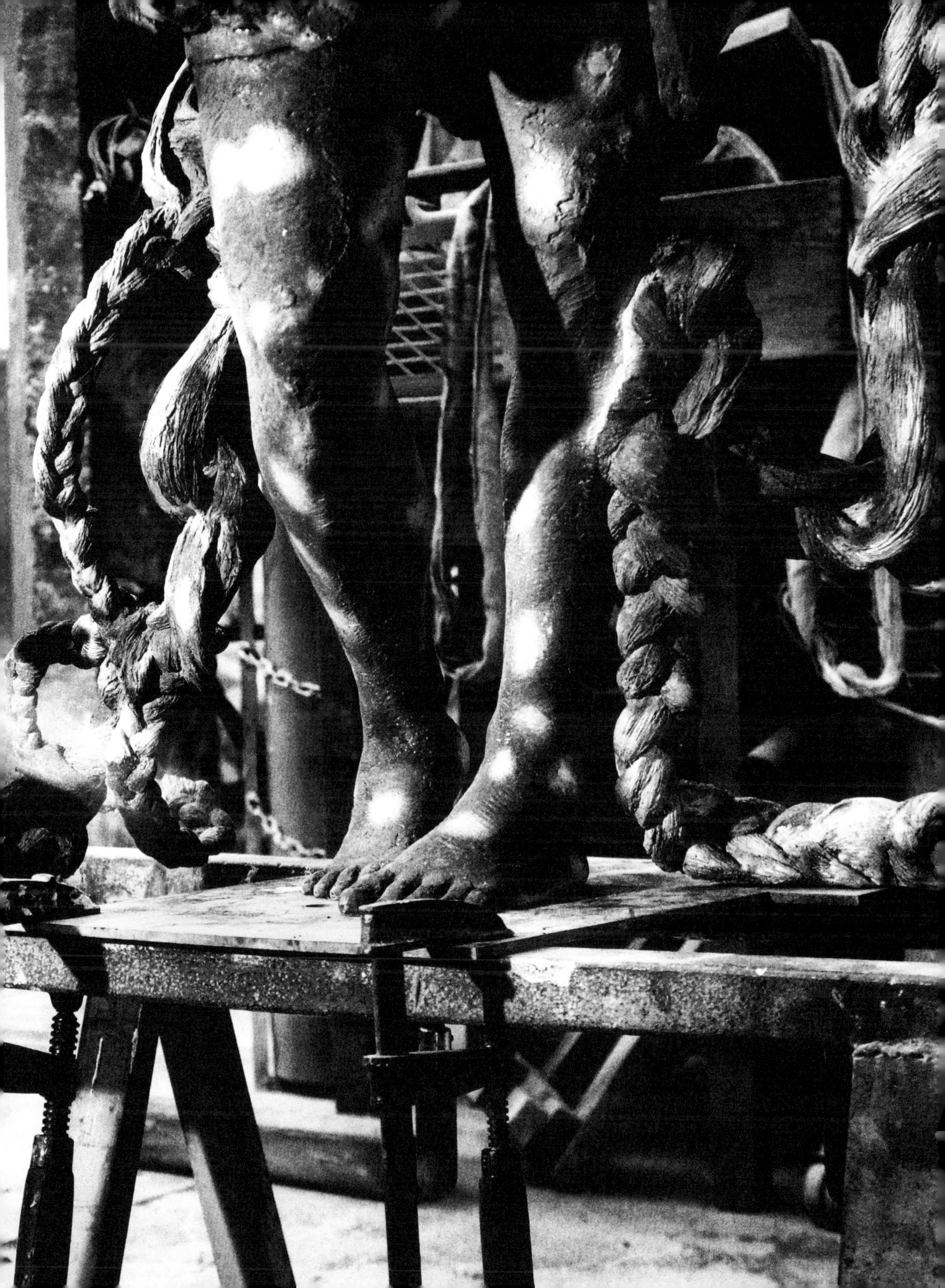

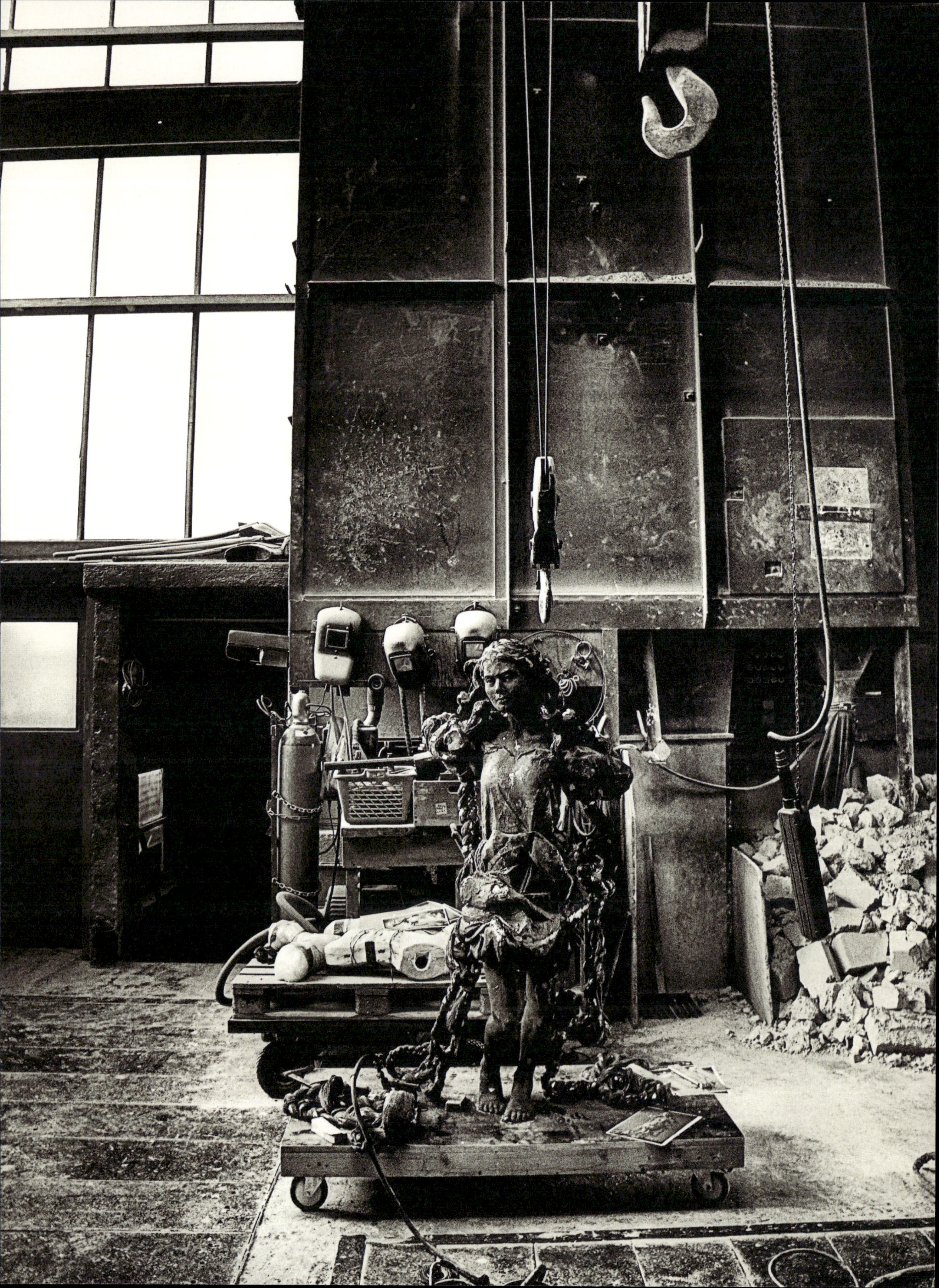

Es war einmal ein Mann und eine Frau, die wünschten sich schon lange vergeblich ein Kind, endlich machte sich die Frau Hoffnung, der liebe Gott werde ihren Wunsch erfüllen. Die Leute hatten in ihrem Hinterhaus ein kleines Fenster, daraus konnte man in einen prächtigen Garten sehen, der voll der schönsten Blumen und Kräuter stand; er war aber von einer hohen Mauer umgeben, und niemand wagte hineinzugehen, weil er einer Zauberin gehörte, die große Macht hatte und von aller Welt gefürchtet ward. Eines Tages stand die Frau an diesem Fenster und sah in den Garten hinab, da erblickte sie ein Beet, das mit den schönsten Rapunzeln bepflanzt war; und sie sahen so frisch und grün aus, dass sie lüstern ward und das größte Verlangen empfand, von den Rapunzeln zu essen. Das Verlangen nahm jeden Tag zu, und da sie wusste, dass sie keine davon bekommen konnte, so fiel sie ganz ab, sah blass und elend aus. Da erschrak der Mann und fragte: »Was fehlt dir, liebe Frau?« – »Ach«, antwortete sie, »wenn ich keine Rapunzeln aus dem Garten hinter unserm Hause zu essen kriege, so sterbe ich.« Der Mann, der sie lieb hatte, dachte: »Eh du deine Frau sterben lässest, holst du ihr von den Rapunzeln, es mag kosten, was es will.« In der Abenddämmerung stieg er also über die Mauer in den Garten der Zauberin, stach in aller Eile eine Handvoll Rapunzeln und brachte sie seiner Frau. Sie machte sich sogleich Salat daraus und aß sie in voller Begierde auf. Sie hatten ihr aber so gut, so gut geschmeckt, dass sie den andern Tag noch dreimal soviel Lust bekam. Sollte sie Ruhe haben, so musste der Mann noch einmal in den Garten steigen. Er machte sich also in der Abenddämmerung wieder hinab, als er aber die Mauer herabgeklettert war, erschrak er gewaltig, denn er sah die Zauberin vor sich stehen. »Wie kannst du es wagen«, sprach sie mit zornigem Blick, »in meinen Garten zu steigen und wie ein Dieb mir meine Rapunzeln zu stehlen? Das soll dir schlecht bekommen.« – »Ach«, antwortete er, »lasst Gnade für Recht ergehen, ich habe mich nur aus Not dazu entschlossen: meine Frau hat Eure Rapunzeln aus dem Fenster erblickt, und empfindet ein so großes Gelüsten, dass sie sterben würde, wenn sie nicht davon zu essen bekäme.« Da ließ die Zauberin in ihrem Zorne nach und sprach zu ihm: »Verhält es sich so, wie du sagst, so will ich dir gestatten, Rapunzeln mitzunehmen, so viel du willst, allein ich mache eine Bedingung: Du musst mir das Kind geben, das deine Frau zur Welt bringen wird. Es soll ihm gut gehen, und ich will für es sorgen wie eine Mutter.« Der Mann sagte in der Angst alles zu, und als die Frau in Wochen kam, so erschien sogleich die Zauberin, gab dem Kinde den Namen Rapunzel und nahm es mit sich fort.

Rapunzel ward das schönste Kind unter der Sonne. Als es zwölf Jahre alt war, schloss es die Zauberin in einen Turm, der in einem Walde lag, und weder Treppe noch Türe hatte, nur ganz oben war ein kleines Fensterchen. Wenn die Zauberin hineinwollte, so stellte sie sich hin und rief:

»Rapunzel, Rapunzel,
Lass mir dein Haar herunter.«

Rapunzel hatte lange prächtige Haare, fein wie gesponnen Gold. Wenn sie nun die Stimme der Zauberin vernahm, so band sie ihre Zöpfe los, wickelte sie oben um einen Fensterhaken, und dann fielen die Haare zwanzig Ellen tief herunter, und die Zauberin stieg daran hinauf.

Nach ein paar Jahren trug es sich zu, dass der Sohn des Königs durch den Wald ritt und an dem Turm vorüberkam. Da hörte er einen Gesang, der war so lieblich, dass er stillhielt und horchte. Das war Rapunzel, die in ihrer Einsamkeit sich die Zeit vertrieb, ihre süße Stimme erschallen zu lassen. Der Königssohn wollte zu ihr hinaufsteigen und suchte nach einer Türe des Turms, aber es war keine zu finden. Er ritt heim, doch der Gesang hatte ihm so sehr das Herz gerührt, dass er jeden Tag hinaus in den Wald ging und zuhörte. Als er einmal so hinter einem Baum stand, sah er, dass eine Zauberin herankam, und hörte, wie sie hinaufrief:

»Rapunzel, Rapunzel,
Lass dein Haar herunter.«

Da ließ Rapunzel die Haarflechten herab, und die Zauberin stieg zu ihr hinauf. »Ist das die Leiter, auf welcher man hinaufkommt, so will ich auch einmal mein Glück versuchen.« Und den folgenden Tag, als es anfing dunkel zu werden, ging er zu dem Turme und rief:

»Rapunzel, Rapunzel,
Lass mir dein Haar herunter.«

Alsbald fielen die Haare herab, und der Königssohn stieg hinauf.

Anfangs erschrak Rapunzel gewaltig, als ein Mann zu ihr hereinkam, wie ihre Augen noch nie einen erblickt hatten, doch der Königssohn fing an, ganz freundlich mit ihr zu reden und erzählte ihr, dass von ihrem Gesang sein Herz so sehr sei bewegt worden, dass es ihm keine Ruhe gelassen und er sie selbst habe sehen müssen. Da verlor Rapunzel ihre Angst, und als er sie fragte, ob sie ihn zum Mann nehmen wollte, und sie sah, dass er jung und schön war, so dachte sie: »Der wird mich lieber haben als die alte Frau Gothel«, und sagte ja, und legte ihre Hand in seine Hand. Sie sprach: »Ich will gerne mit dir gehen, aber ich weiß nicht, wie ich herabkommen kann. Wenn du kommst, so bringe jedes Mal einen Strang Seide mit, daraus will ich eine Leiter flechten, und wenn die fertig ist, so steige ich herunter und du nimmst mich auf dein Pferd.« Sie verabredeten, dass er bis dahin alle Abend zu ihr kommen sollte, denn bei Tag kam die Alte. Die Zauberin merkte auch nichts davon, bis einmal Rapunzel anfing und zu ihr sagte: »Sag Sie mir doch, Frau Gothel, wie kommt es nur, sie wird mir viel schwerer heraufzuziehen als der junge Königssohn, der ist in einem Augenblick bei mir.« – »Ach du gottloses Kind«, rief die Zauberin, »was muss ich von dir hören, ich dachte, ich hätte dich von aller Welt geschieden, und du hast mich doch betrogen!« In ihrem Zorne packte sie die schönen Haare der Rapunzel, schlug sie ein paarmal um ihre linke Hand, griff eine Schere mit der rechten, und ritsch, ratsch waren sie abgeschnitten, und die schönen Flechten lagen auf der Erde. Und sie war so unbarmherzig, dass sie die arme Rapunzel in eine Wüstenei brachte, wo sie in großem Jammer und Elend leben musste.

Denselben Tag aber, wo sie Rapunzel verstoßen hatte, machte abends die Zauberin die abgeschnittenen Flechten oben am Fensterhaken fest, und als der Königssohn kam und rief:

»Rapunzel, Rapunzel,
Lass dein Haar herunter«,

so ließ sie die Haare hinab. Der Königssohn stieg hinauf, aber er fand oben nicht seine liebste Rapunzel, sondern die Zauberin, die ihn mit bösen und giftigen Blicken ansah. »Aha«, rief sie höhnisch, »du willst die Frau Liebste holen, aber der schöne Vogel sitzt nicht mehr im Nest und singt nicht mehr, die Katze hat ihn geholt und wird dir auch noch die Augen auskratzen. Für dich ist Rapunzel verloren, du wirst sie nie wieder erblicken.« Der Königssohn geriet außer sich vor Schmerzen, und in der Verzweiflung sprang er den Turm herab: das Leben brachte er davon, aber die Dornen, in die er fiel, zerstachen ihm die Augen. Da irrte er blind im Walde umher, aß nichts als Wurzeln und Beeren, und tat nichts als jammern und weinen über den Verlust seiner liebsten Frau. So wanderte er einige Jahre im Elend umher und geriet endlich in die Wüstenei, wo Rapunzel mit den Zwillingen, die sie geboren hatte, einem Knaben und Mädchen, kümmerlich lebte. Er vernahm eine Stimme, und sie deuchte ihn so bekannt; da ging er darauf zu, und wie er herankam, erkannte ihn Rapunzel und fiel ihm um den Hals und weinte. Zwei von ihren Tränen aber benetzten seine Augen, da wurden sie wieder klar, und er konnte damit sehen wie sonst. Er führte sie in sein Reich, wo er mit Freude empfangen ward, und sie lebten noch lange glücklich und vergnügt.

Brüder Grimm, »Rapunzel«

There once lived a man and his wife, who always wished for a child, but could not have one. At the back of their house there was a little window which overlooked a beautiful garden, full of the finest herbs and flowers. But it was surrounded by a high wall and no one dared to go in it, as it belonged to a powerful witch, and everyone in the world was afraid of her.

One day the wife was standing at the window, and was looking into the garden when she saw a bed full of the finest rampion. It looked so fresh and green that she began to long for some, and each day she longed for it more and more. This went on for days, and as she knew she could not have the rampion, she began to pine away, and grew pale and miserable. Her husband became worried about her, and asked, "What is the matter, my dear?"

"Oh," she answered, "If I can't have some of that rampion to eat which grows in the garden at the back of our house, I think I shall die." The man, who loved her very much, thought to himself, "Rather than lose my wife I will get some rampion, no matter what it takes." So in the twilight he climbed over the wall into the witch's garden, hastily plucked a handful of rampion, and took it to his wife. She made herself a salad at once, and ate it to her heart's content. But she liked it so much, and it tasted so good, that the next day she longed for it three times as much as before. If he was to have any rest, the man must climb down over the wall again. So once more he set off at twilight and as he was climbing back, he suddenly saw the witch standing in front of him. He was terribly frightened. She cried angrily, "How dare you climb over into my garden like a thief, and steal my rampion! You will suffer for this!"

"Oh," he answered, "please forgive me, but I simply had to have the rampion. My wife saw it out of her window and longed for it so much, that she would have died if she had not been able to eat some."

Then the witch softened and said, "If what you say is the truth, then you may have as much rampion as you like, but on only one condition - when your baby daughter is born, she must be given to me. She will be well-treated, and I will care for her like a mother."

The man was afraid and promised her everything. When the time came and the child was born, the witch appeared at once, giving the newborn child the name Rapunzel (another name for rampion), and she took the baby away.

Rapunzel was the most beautiful child in the world. When she was twelve years old the witch shut her up in a tower in the middle of a forest. The tower had neither stairs nor a door and only a small window at the very top. When the witch wanted to go in, she would stand down below and cry:

"Rapunzel, Rapunzel!
Let down your hair!"

Rapunzel had magnificent long hair that shone like gold. When she heard the witch's voice she wound her braids round one of the window's hooks, and let her hair fall down the side of the tower. Then the witch climbed up.

A few years went by and, as one day the Prince was riding through the forest, he came across the tower. As he drew nearer he heard a voice singing so sweetly that he stood still and listened. It was the lonely Rapunzel trying to pass the time by singing. The Prince wanted to climb up to her, and looked for a door in the tower, but could not find one. So he rode home, but her singing had so deeply touched his heart that every day he went back to the forest and listened. Once while he was standing under a tree, he saw the witch coming, and listened as she called out:

"Rapunzel, Rapunzel!
Let down your hair."

Then he saw how Rapunzel let down her long hair, and how the witch climbed up it. Then he said to himself, "If that is the ladder then I will climb it too, and seek my fortune." And the next day, as soon as it began to go dark, he went to the tower and cried:

"Rapunzel, Rapunzel!
Let down your hair."

She let down her hair, and the Prince climbed up. Rapunzel was very afraid when she saw who had climbed up to her, for she had never set eyes on a man before. The Prince, however, began speaking kindly, telling how her singing had stirred his heart so much, that he could not rest until he had seen her for himself. Then Rapunzel was no longer afraid, and when he asked her to marry him, and she saw that he was young and handsome, she said yes and laid her hand in his.

She said: "I will happily go with you, but I do not know how I can climb down. Each time you come bring a bit of silk with you, and I will weave a silken rope ladder. When it is finished I will climb down and we will escape together on your horse." They agreed that he should come to her every evening, as the old woman came in the daytime.

The witch knew nothing of all this until once Rapunzel unwittingly said to her, "Mother Gothel, how can it be that you climb up here so slowly, when the Prince only takes a moment?"

"Ah, you wicked child," cried the witch, "what is this I hear! I thought I had hidden you from the whole world, but you have betrayed me!" In her anger she seized Rapunzel by her beautiful hair, grasped a pair of scissors and – snip, snap – cut it all off. The beautiful locks lay on the ground. The witch was so hard-hearted that she took Rapunzel to a desert, where she lived from then on, miserable and unhappy.

The same day she took Rapunzel away she went back to the tower. She fastened the severed braids of hair to the hook of the window, and the Prince came and cried:

"Rapunzel, Rapunzel!
Let down your hair."

Then the old woman let the hair down, and the Prince climbed up. But instead of his dearest Rapunzel, he found the witch looking at him with wicked, glittering eyes.

"Aha!" she cried mockingly, "you've come for your darling Rapunzel, but the sweet bird is no longer sitting and singing in the nest, the cat has got her, and will scratch out your eyes as well! Rapunzel has been banished and you will never see her again." The Prince was beside himself with grief, and in his agony he sprang from the tower: he escaped with his life, but the thorns onto which he fell, pierced his eyes. He wandered blind through the forest, eating nothing but roots and berries, and lamenting and weeping for the loss of his dearest Rapunzel.

The Prince roamed for several years in his misery until at last he came to the desert where Rapunzel lived with her twin-children, a boy and a girl. At first he heard a voice that sounded familiar, and followed it. When he approached Rapunzel recognised him and fell into his arms and wept. As her tears touched his eyes they were healed, and his sight returned. Then he took her to his kingdom, where he was joyfully received, and they lived there happily ever after.

Brothers Grimm, *Rapunzel*

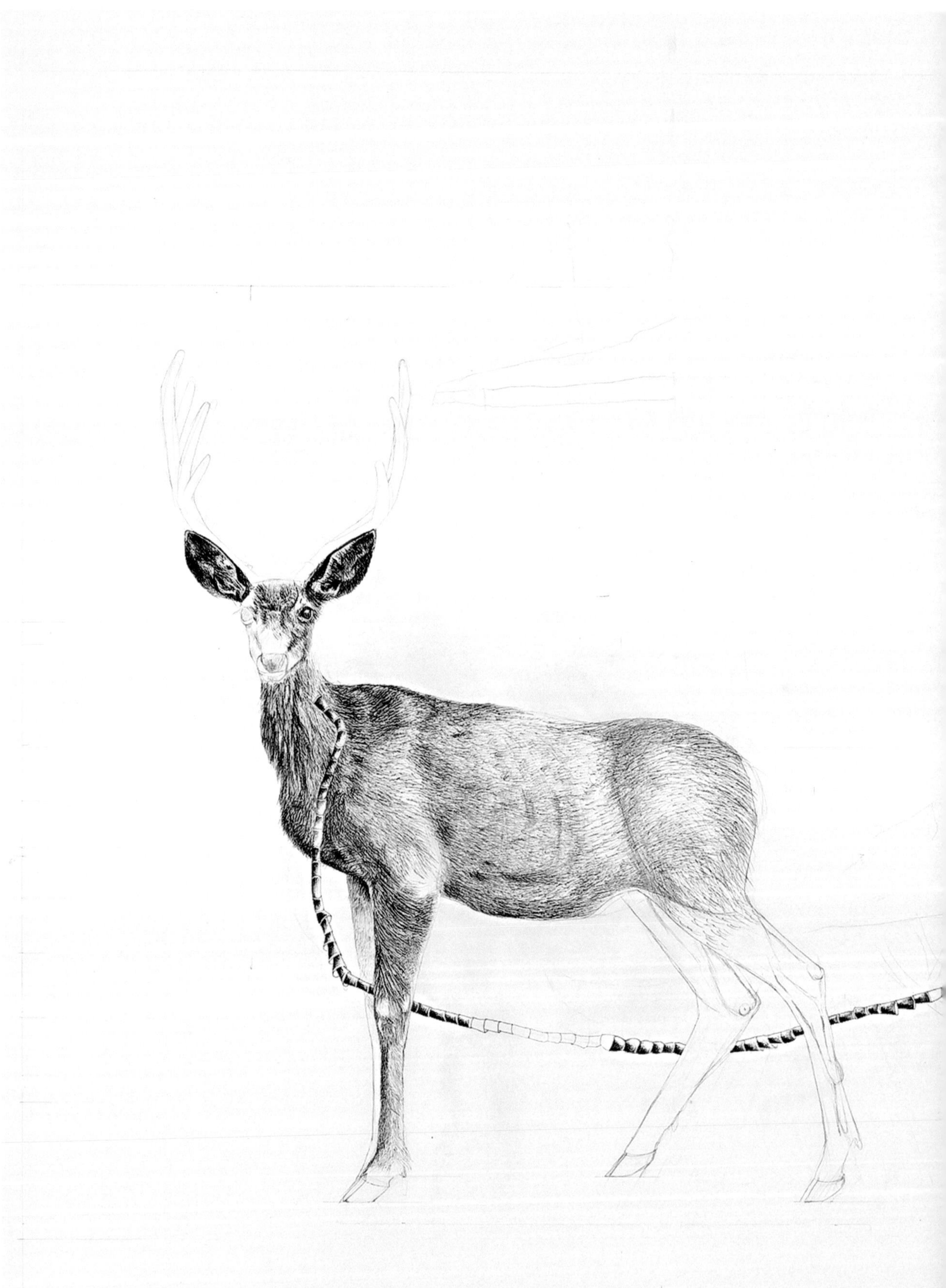

Ohne Titel Untitled, 2008

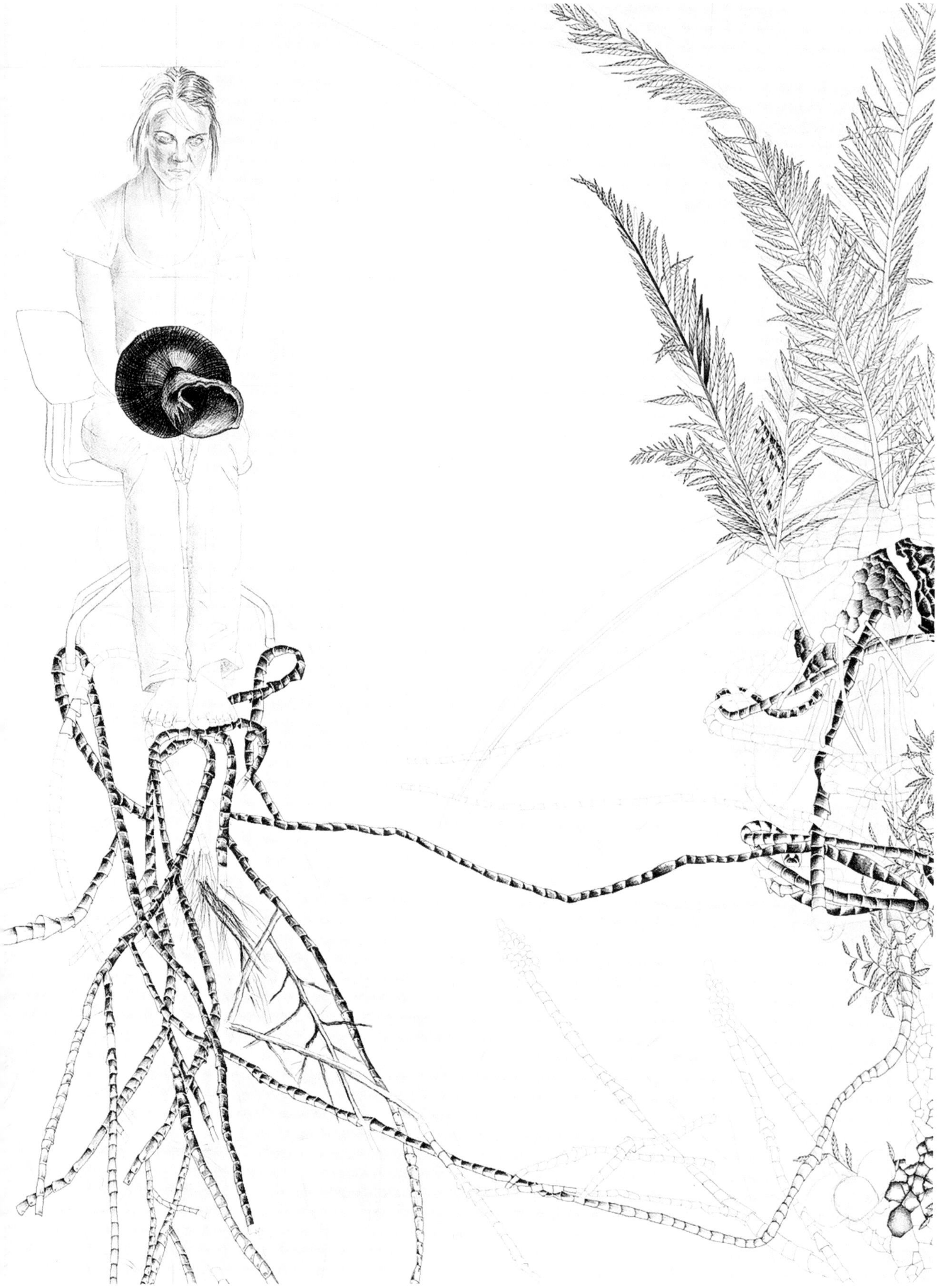

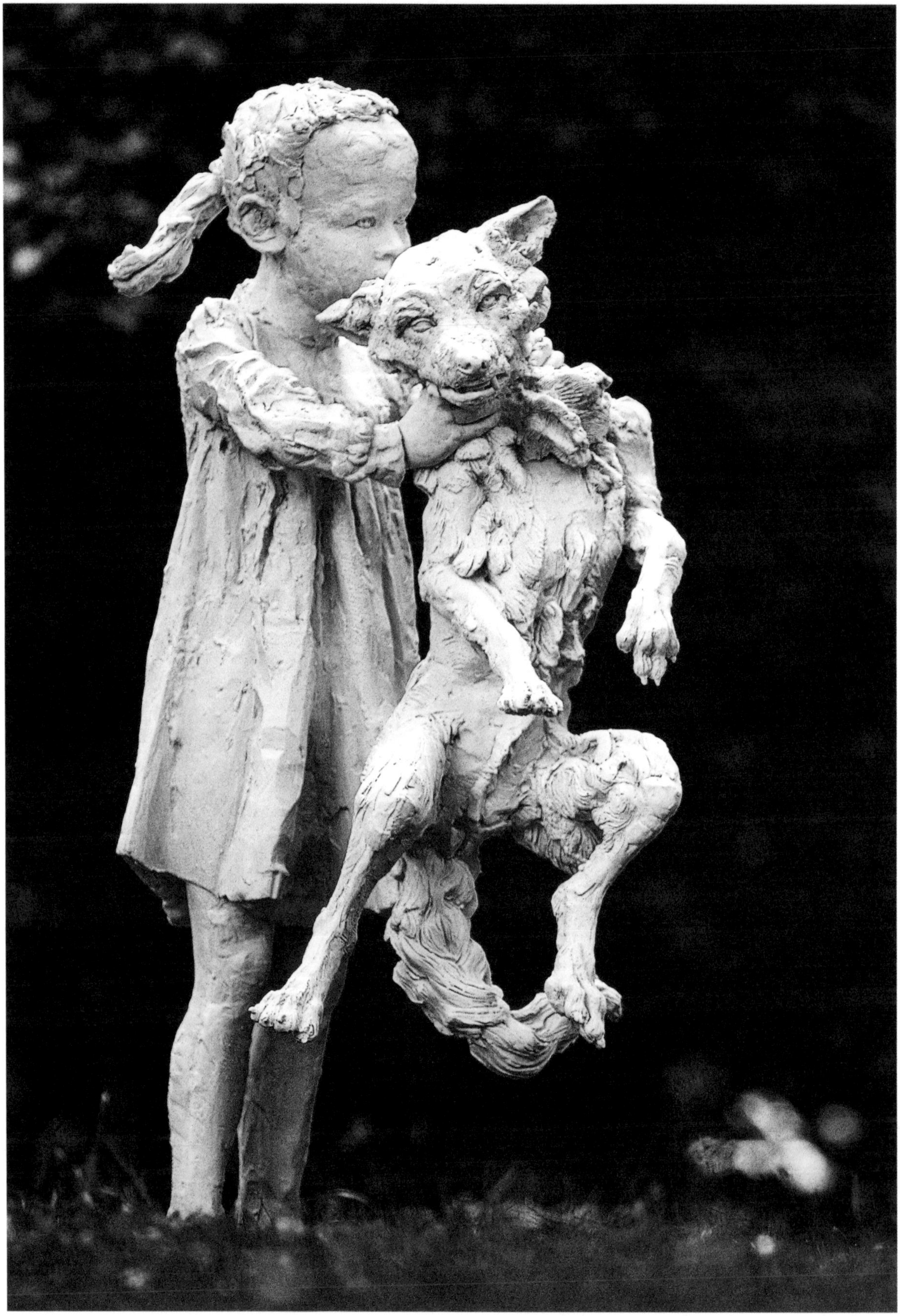

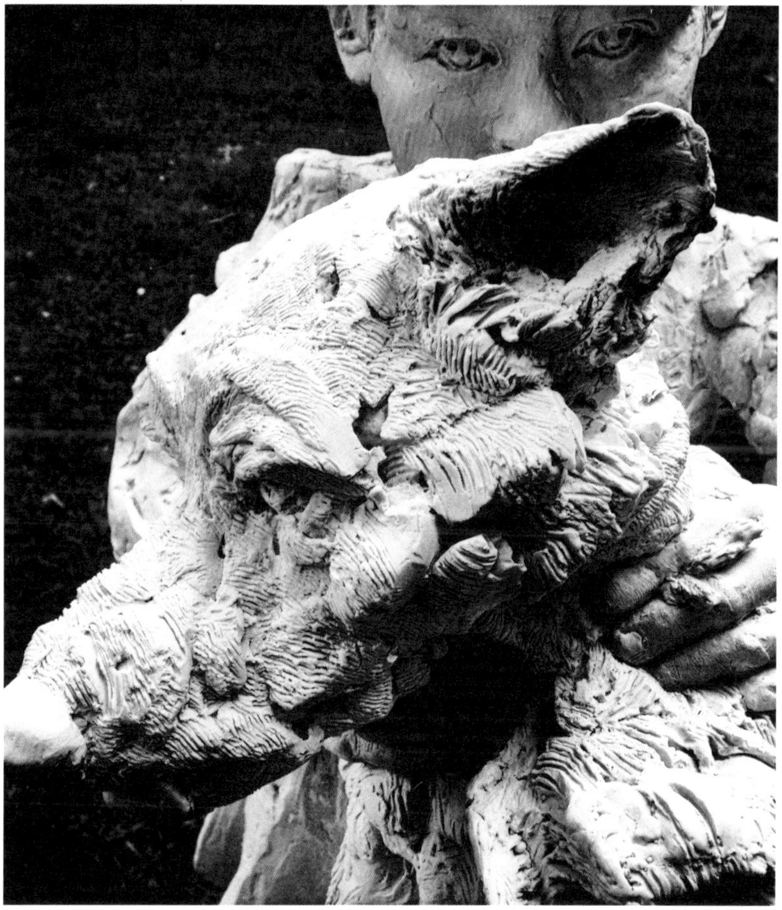

Eloise, 2013

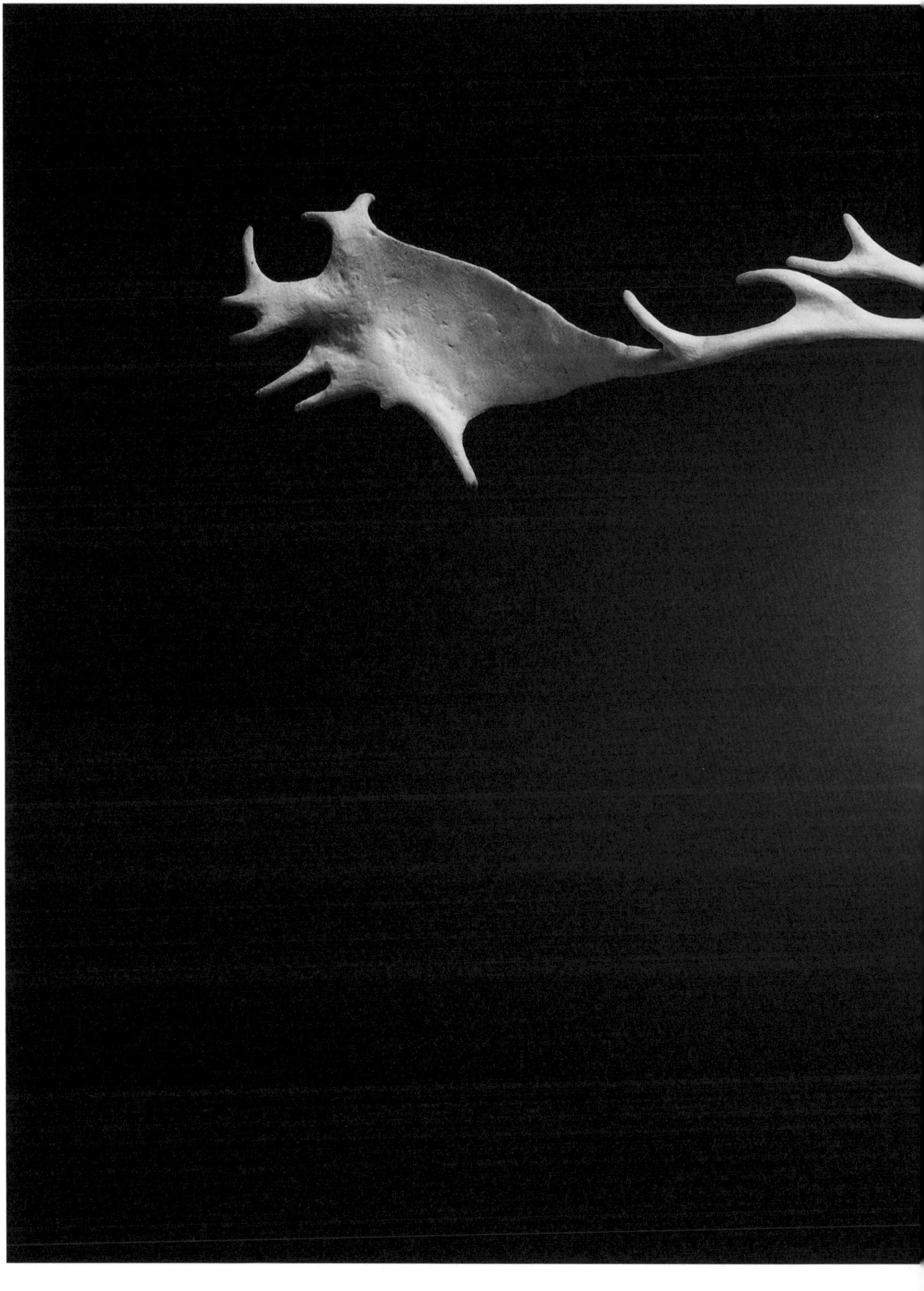

 Ohne Titel Untitled, 2005

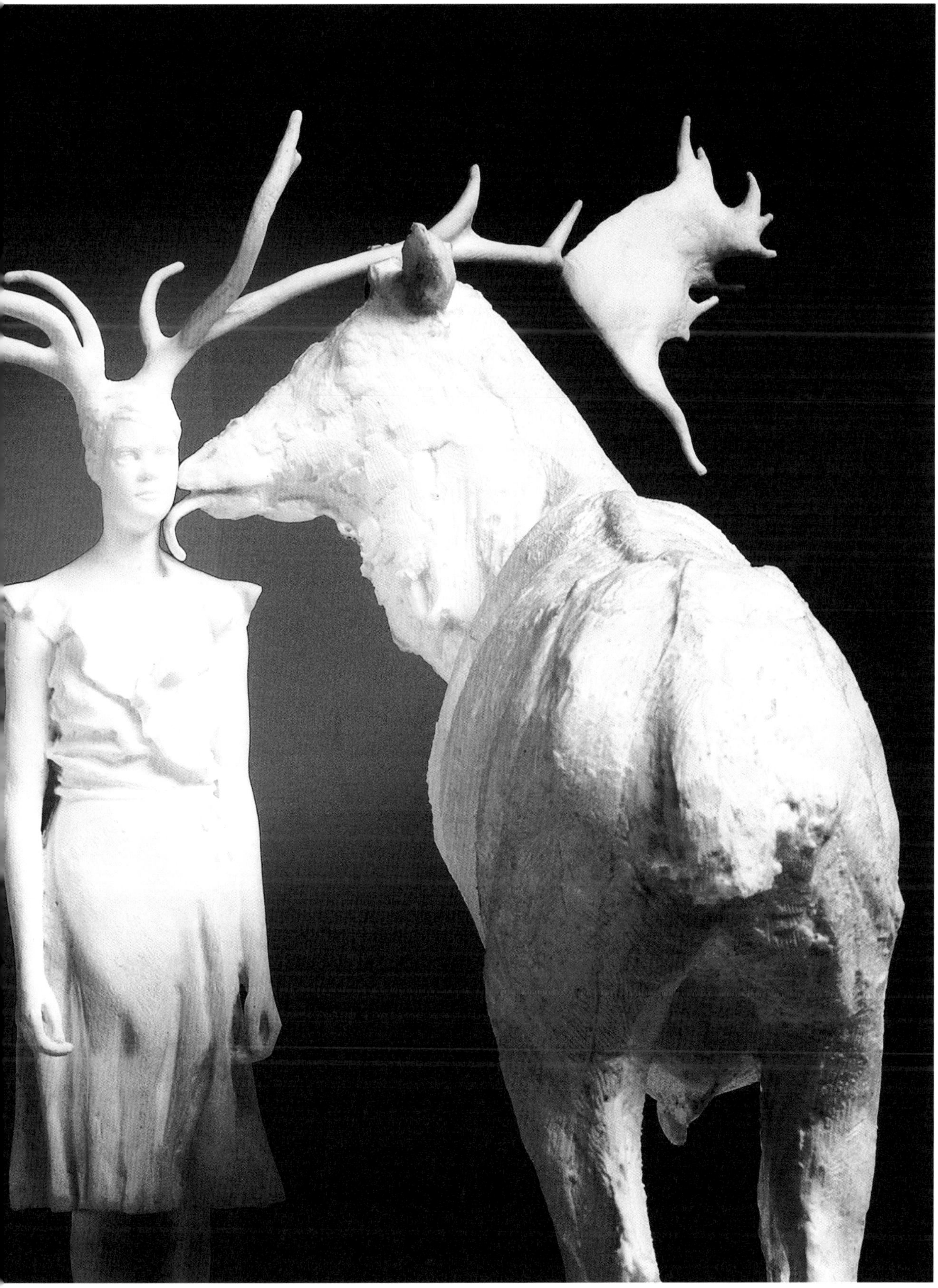

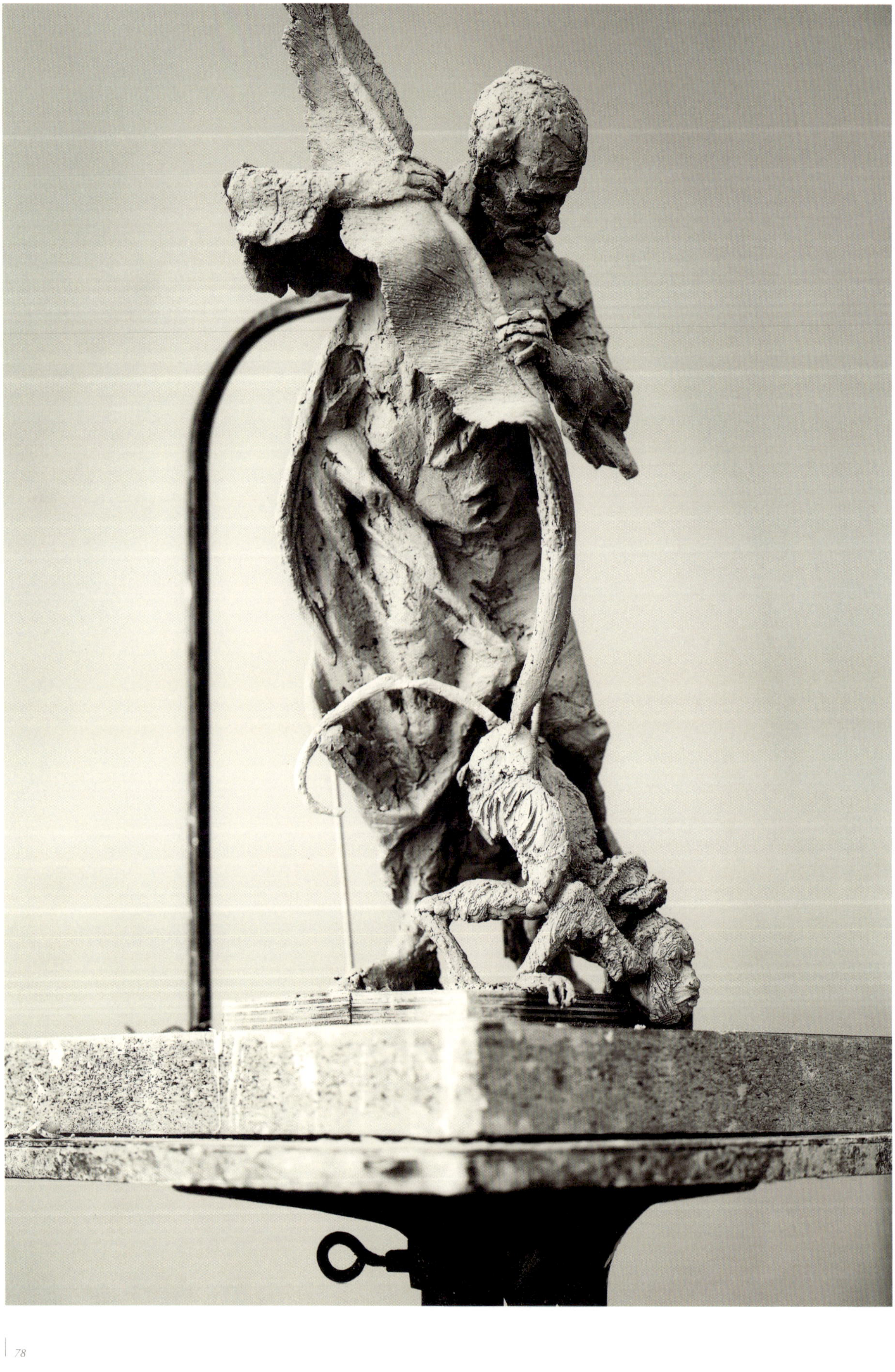

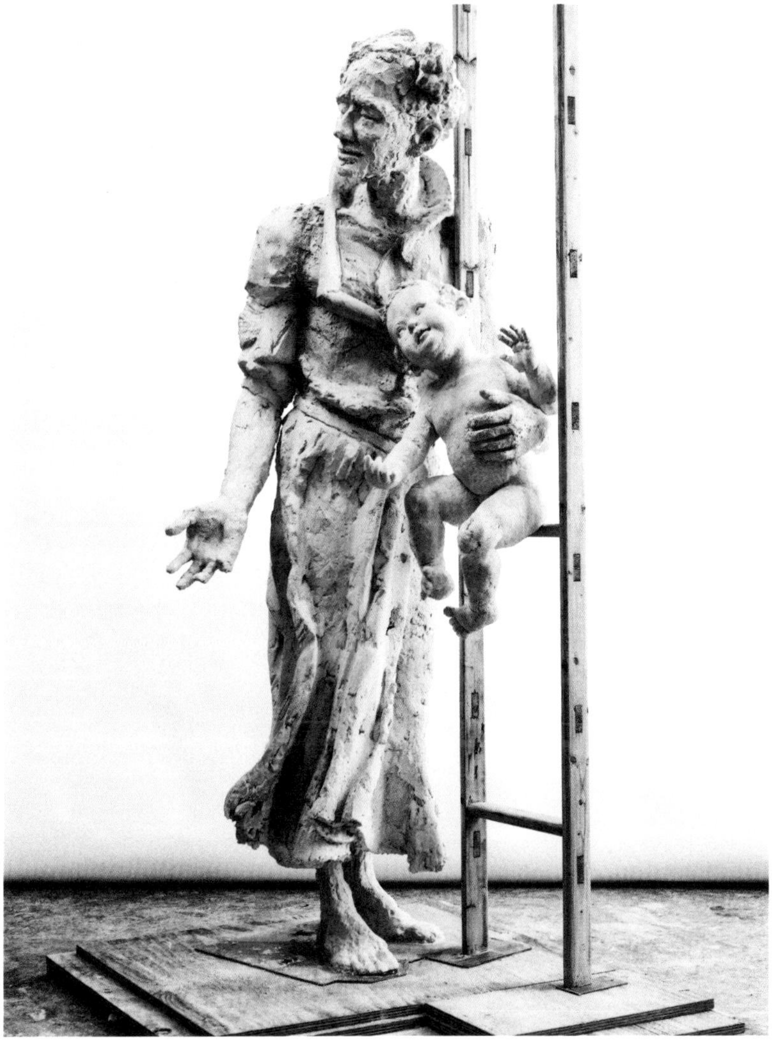

> Bruder Peter Friedhofen
Brother Peter Friedhofen, 2015
< Heiliger Augustinus von Hippo
St Augustine of Hippo, 2017

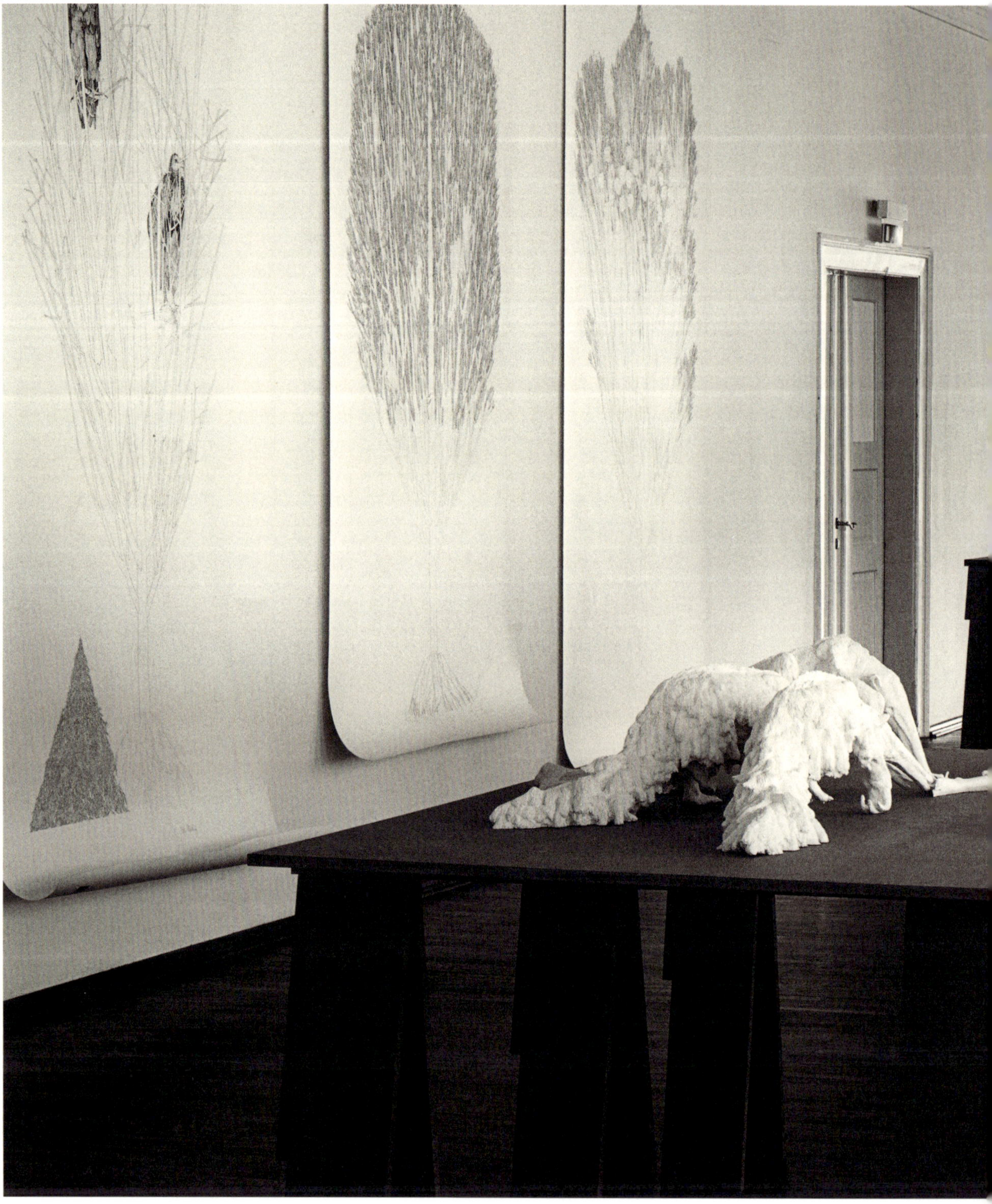

Verwandlungen, Ausstellungsansicht Installation view, 2012

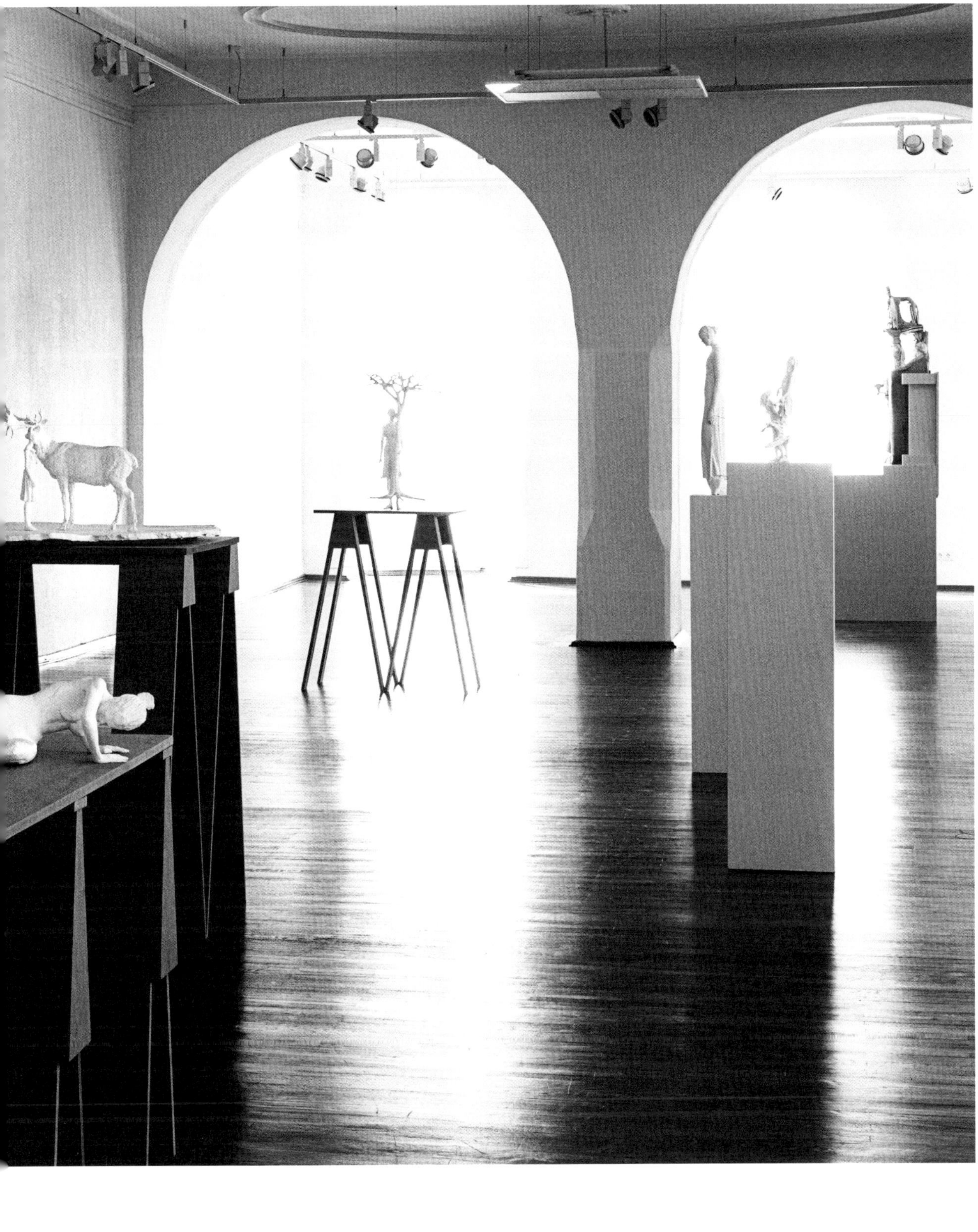

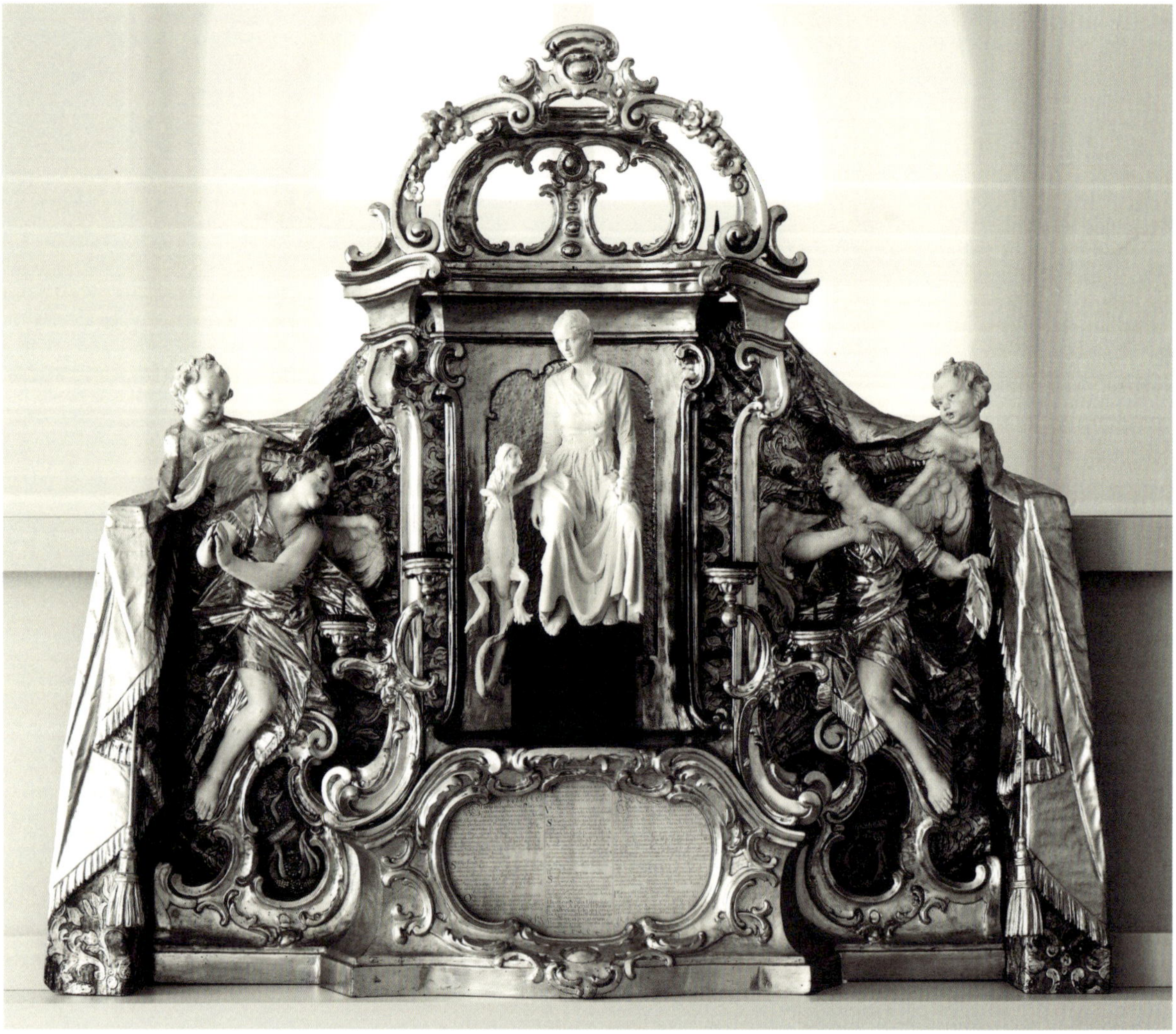

Maria Immaculata, 2011

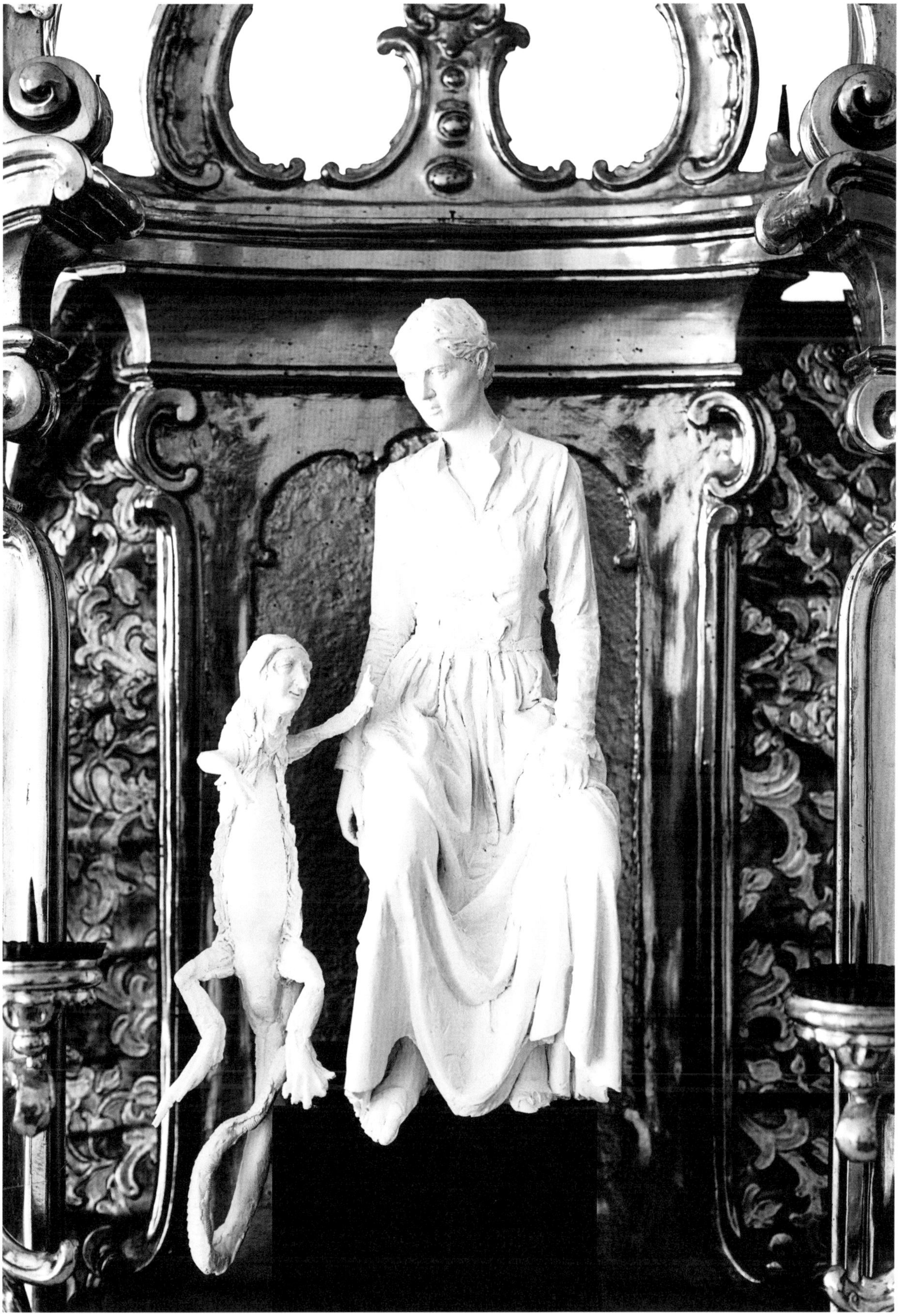

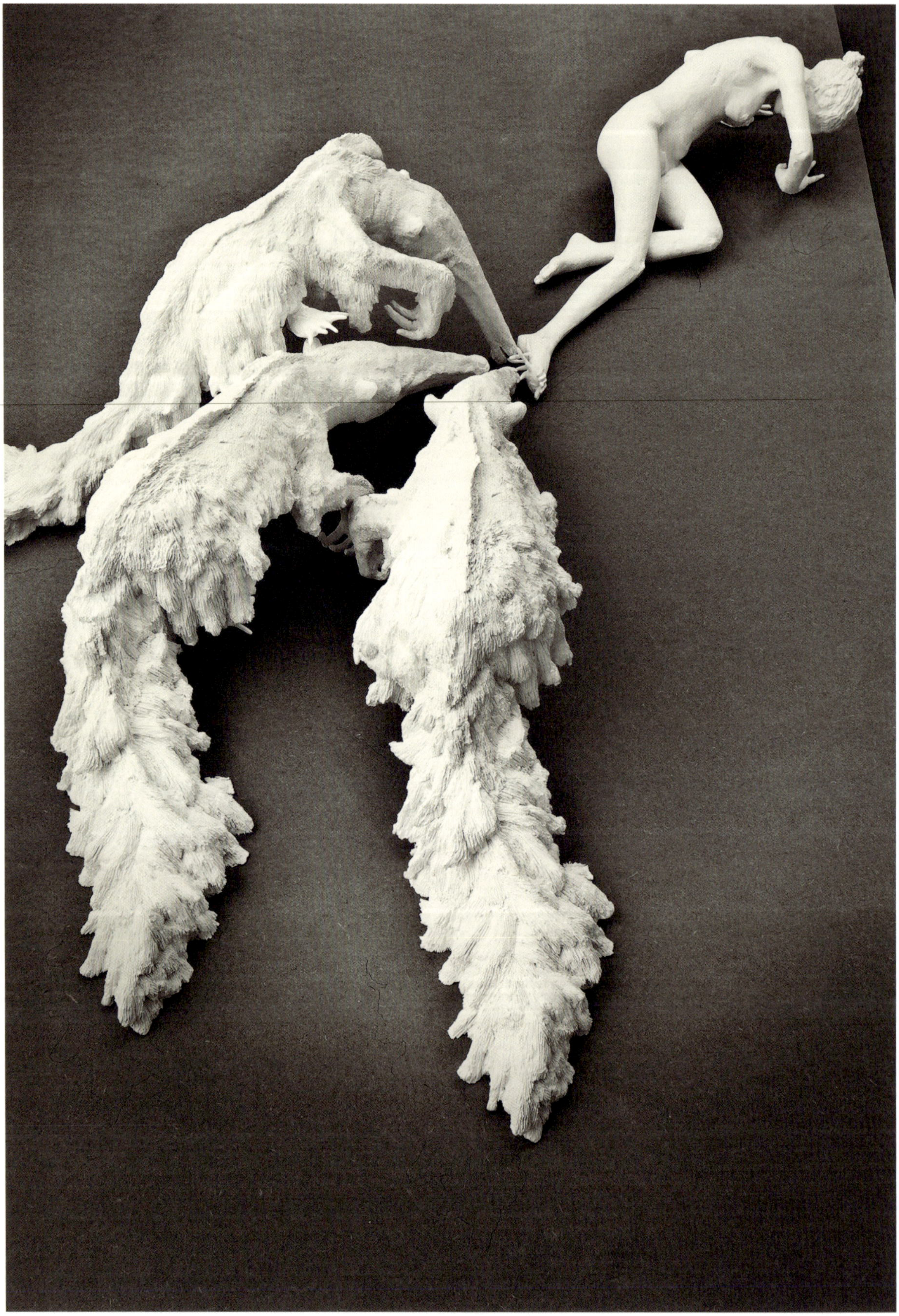

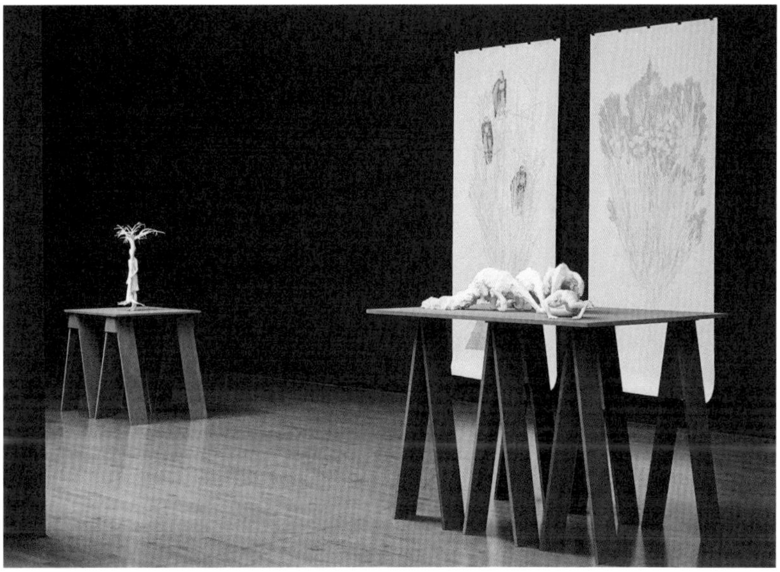

> FAVORITEN 08 – Neue Kunst in München,
Ausstellungsansicht Installation view, 2008
< Ohne Titel Untitled, 2008

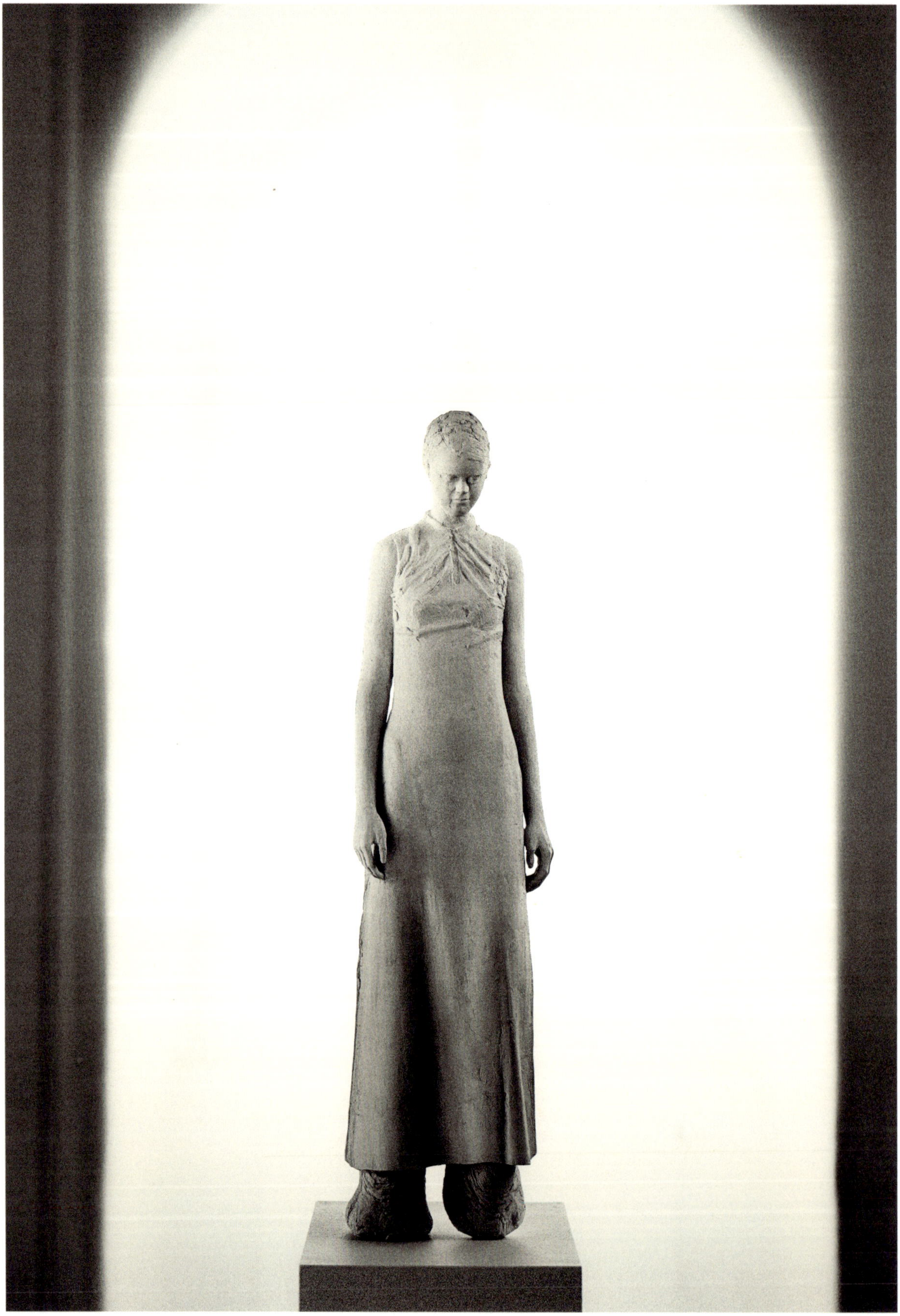

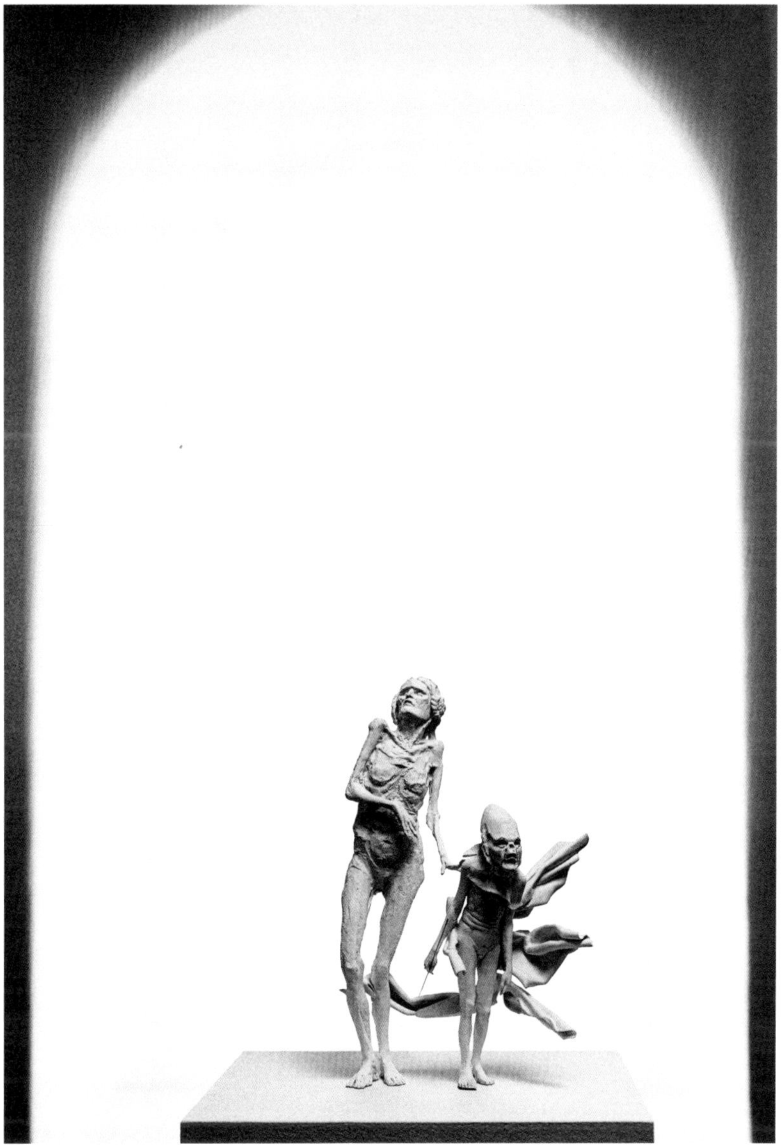

> Ohne Titel Untitled, 2012
< tanz mit mir dance with me, 2006

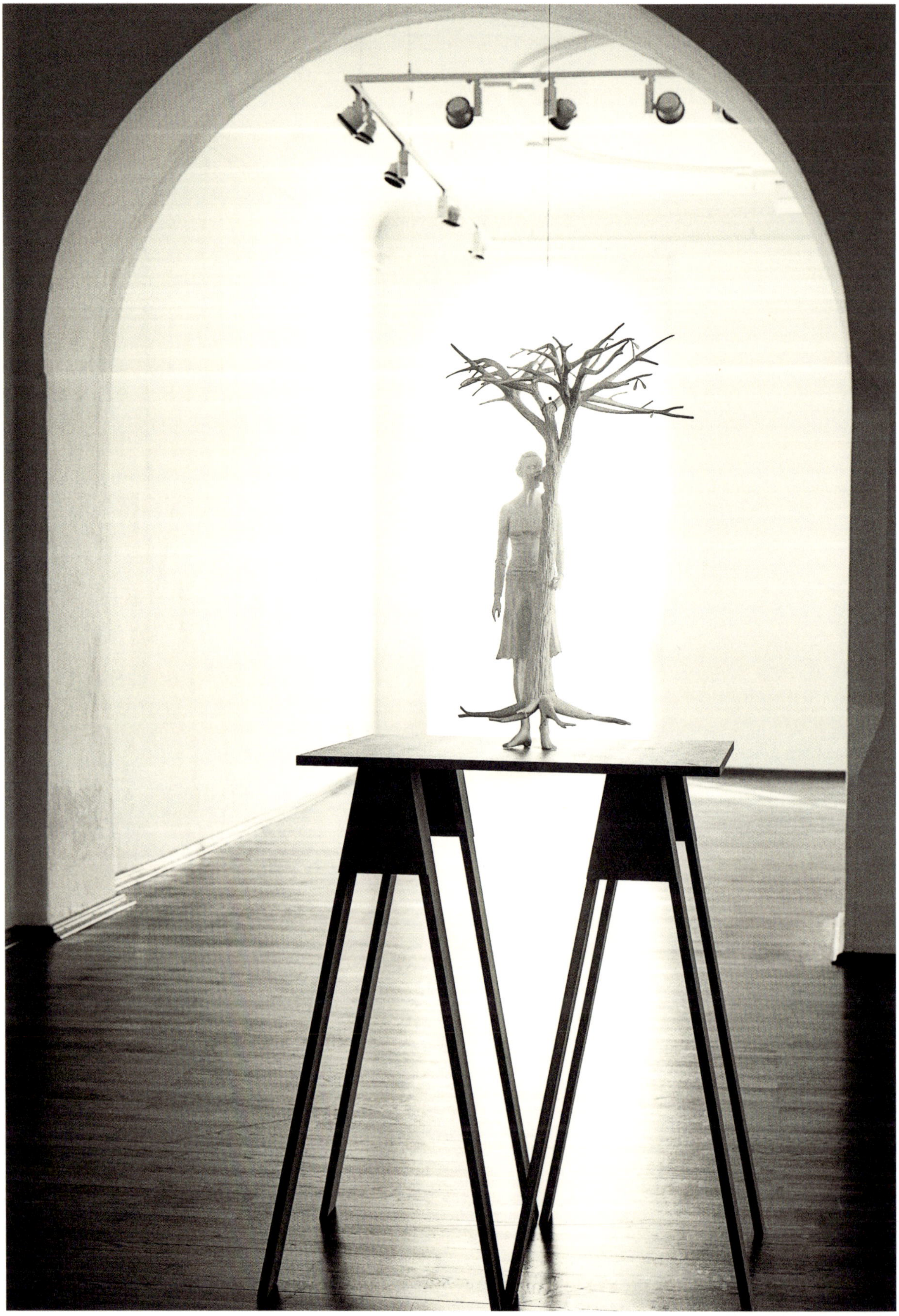

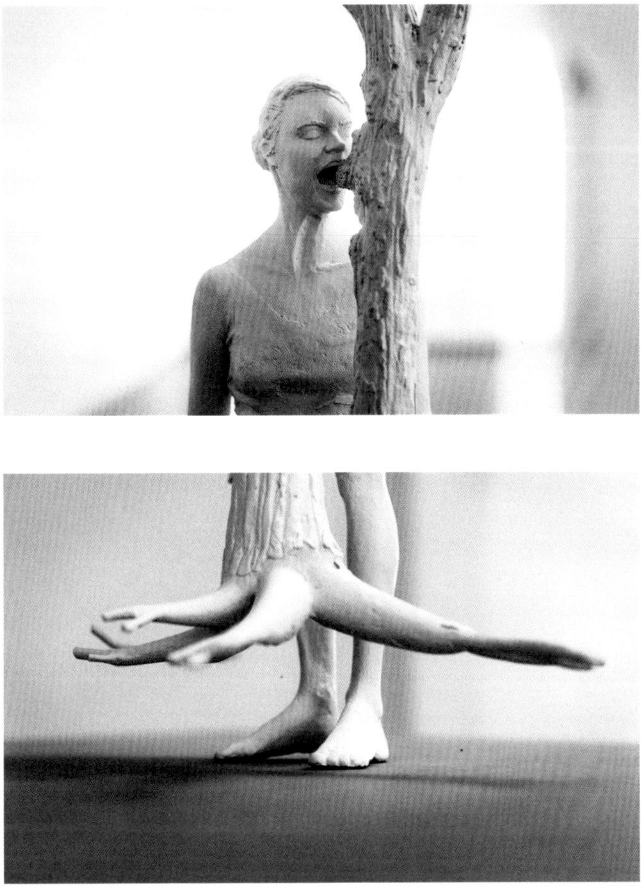

Ohne Titel Untitled, 2005

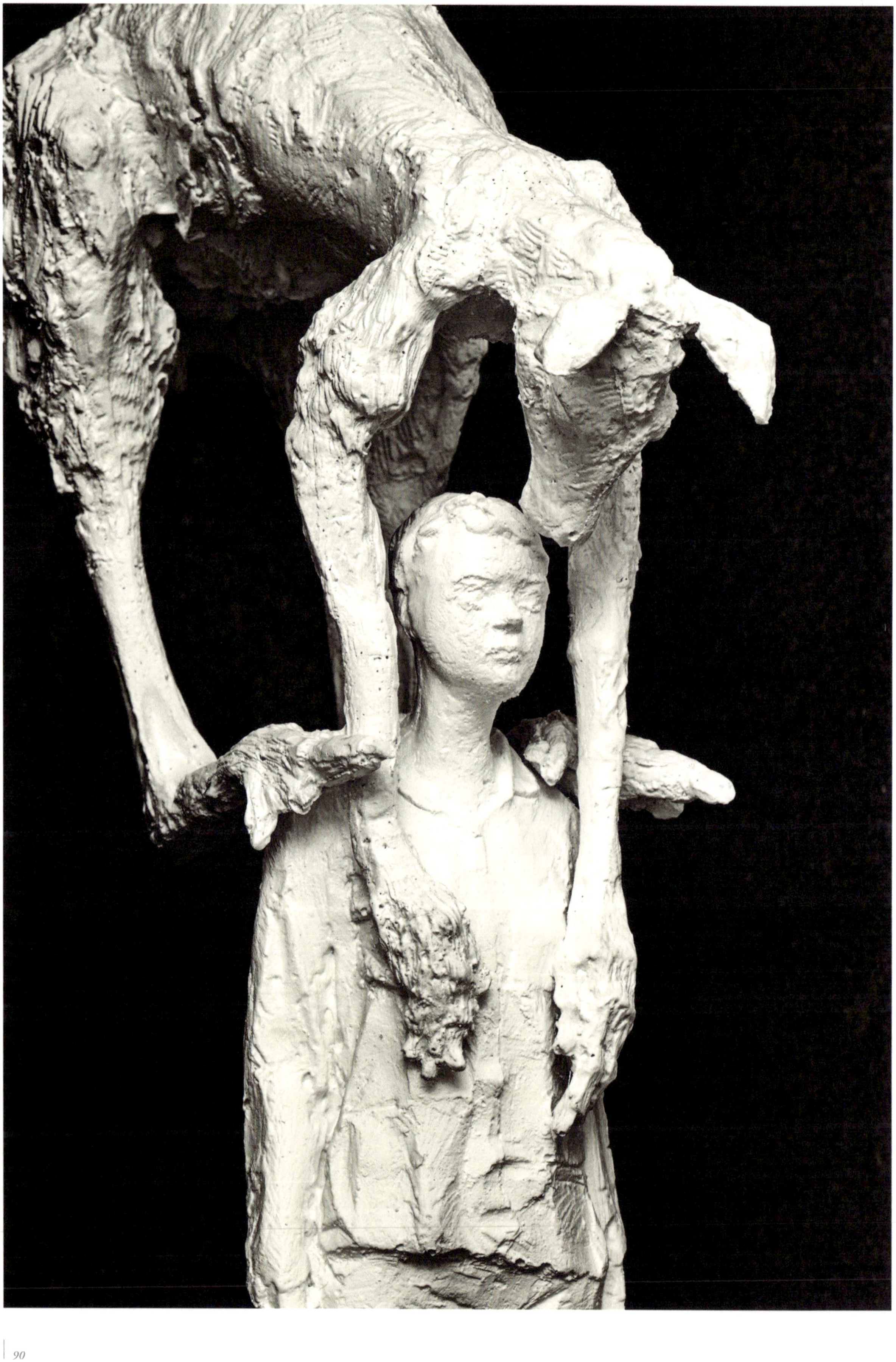

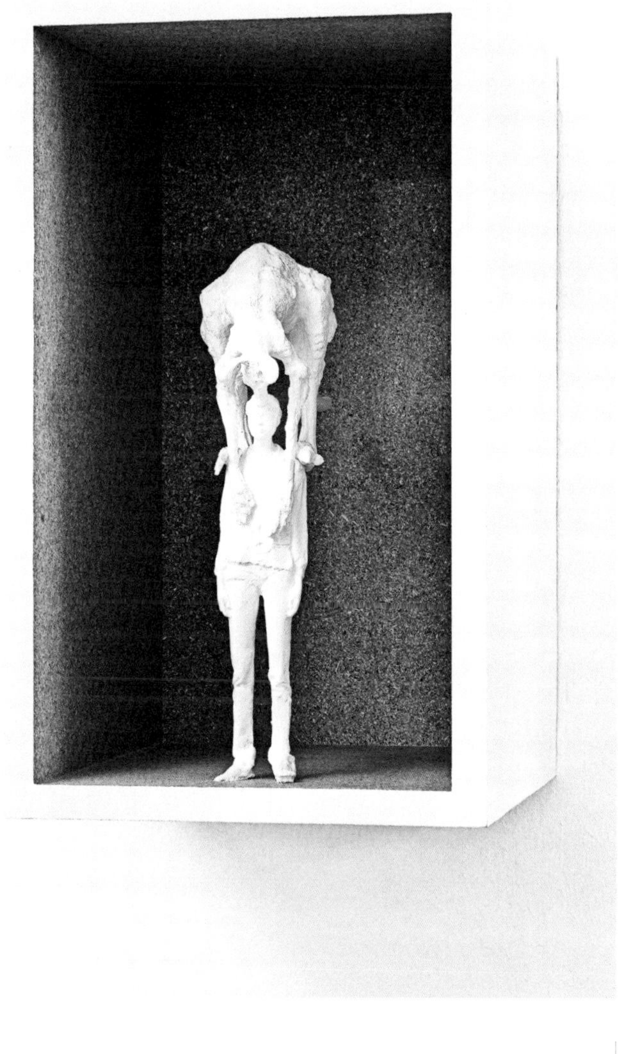

Ohne Titel Untitled, 2004

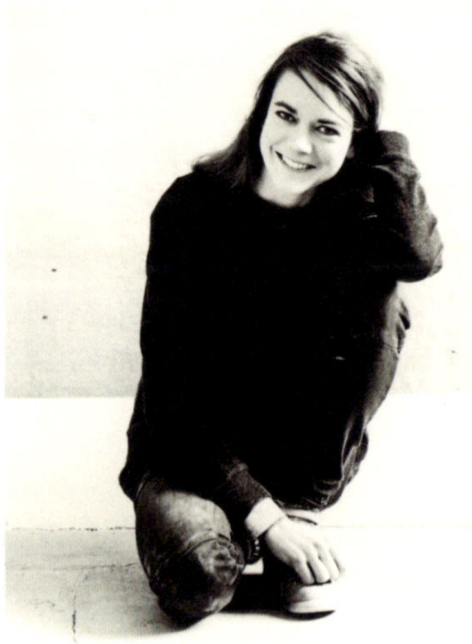

ELKE HÄRTEL

1978
geboren in Erding/Altenerding

1997–2000
Lehre als Holzbildhauerin an der Städtischen Berufsschule für Bau und Gestaltung der Landeshauptstadt München

2000–2001
Studium an der Weißensee Kunsthochschule Berlin bei Karin Sander, Inge Mahn und Berndt Wilde

2002–2007
Studium an der Akademie der Bildenden Künste München bei James Reineking und Stephan Huber

2005
Meisterschülerin bei Stephan Huber

2006
Bildhauerin im Deutschen Museum, München

2007
Diplom Freie Kunst an der Akademie der Bildenden Künste München

2009
Leitung der Kinderwerkstatt des Quax im Echo e. V. – Verein für integrative Spiel- und Kulturpädagogik, München-Riem

2015
Leitungsteam des KulturTagJahres der Stiftung Nantesbuch, Luitpold-Gymnasium, München

2017
Leitungsteam ARTYOURSELF, Kooperationsprojekt mit Quax, Echo e. V. – Verein für integrative Spiel- und Kulturpädagogik, München-Riem
Leitungsteam des Klosterateliers im Auftrag des Diözesanmuseums Freising

1978
Born in Erding/Altenerding

1997–2000
Apprentice as wood sculptor at the Städtische Berufsschule für Bau und Gestaltung, Munich

2000–2001
Studies under Karin Sander, Inge Mahn and Berndt Wilde at the Weißensee Kunsthochschule, Berlin

2002–2007
Studies under James Reineking and Stephan Huber at the Akademie der Bildenden Künste, Munich

2005
Master student under Stephan Huber

2006
Sculptor at the Deutsches Museum in Munich

2007
Receives diploma in fine arts from the Akademie der Bildenden Künste, Munich

2009
In charge of Quax children's workshop at Kinderwerkstatt des Quax im Echo e. V. – Verein für integrative Spiel- und Kulturpädagogik , Munich-Riem

2015
Part of the team in charge of the KulturTag-Jahr educational project of the Stiftung Nantesbuch, Luitpold-Gymnasium, Munich

2017
Part of the team in charge of ARTYOURSELF, a cooperation project with Quax, Echo e. V. – Verein für integrative Spiel- und Kulturpädagogik, Munich-Riem
Part of the team in charge of the monastery studio on behalf of the Diözesanmuseum Freising

PREISE UND STIPENDIEN

2012
Nominierung und Endauswahl des Karl Schmidt-Rottluff Stipendiums

2011
Bayerisches Atelierförderprogramm für bildende Künstlerinnen und Künstler des Bayerischen Staatsministeriums für Bildung und Kultus, Wissenschaft und Kunst

Debütantenpreis des Bayerischen Staatsministerium für Bildung und Kultus, Wissenschaft und Kunst und der GEDOK München e. V.

2007
Kunststipendium der Bayerischen Akademie der Schönen Künste, München

2006
»junge kunst in bayern«, 10 Jahre Kunstkalender der LfA Förderbank Bayern

2000
Erster Preis der Danner-Stiftung

AWARDS AND GRANTS

2012
Nominated and short-listed for the Karl Schmidt-Rottluff Bursary

2011
Bavarian studio support programme for visual artists, Bayerisches Staatsministeriums für Bildung und Kultus, Wissenschaft und Kunst

Debut Prize of the Bayerisches Staatsministerium für Bildung und Kultus, Wissenschaft und Kunst and GEDOK München e. V.

2007
Art Scholarship of the Bayerische Akademie der Schönen Künste, Munich

2006
junge kunst in bayern, 10 years Kunstkalender of LfA Förderbank Bayern

2000
First Prize awarded by the Danner-Stiftung, Munich

AUSSTELLUNGEN . EXHIBITIONS

2017
»Rapunzel«, Skulpturenprojekt in Zusammenarbeit mit sculpture project in collaboration with Petra Giloy-Hirtz
»stand by me«, Galerie der Künstler/BBK, München Munich

»Lebenslinien. Autobiografisches Erinnern«, Städtische Galerie, Traunstein

2016
»Die 7 Todsünden«, VerpackereiGö, Kulturraum Allgäu, Görisried, »Offene Ateliers«, whitebox Kultur gGmbH, Werksviertel am Ostbahnhof, München Munich

»Der Tod und seine Geheimnisse«, Jahresausstellung der annual Exhibition of GEDOK München e. V., Pasinger Fabrik, München Munich

2015
»13 Künstler | 13 Räume«, Galerie MaxWeberSixFriedrich, München Munich

2014
»P 79«, Galerie MaxWeberSixFriedrich, München Munich

»Elke Härtel, Korbinian Jaud, Alexi Tsioris. 3 junge bildhauerische Positionen«, ARTS-Akzente-Ausstellung, Städtische Galerie, Traunstein

»Offene Ateliers«, Atelierhaus Baumstraße, München Munich

2013
»Es war einmal ...«, 12. RischART_PROJEKT, Alter Botanischer Garten, München Munich (Ausstellungskatalog exhibition catalogue)

»Papierarbeiten II – 70er Jahre bis heute«, Galerie MaxWeberSixFriedrich, München Munich

2012
»Verwandlungen«, Diözesanmuseum Freising, Reihe Junge Kunst im Young Art Series at the Diözesanmuseum Freising (Einzelausstellung, Ausstellungskatalog solo exhibition, exhibition catalogue)

»Ästhetik der Natur«, ALTANA Kulturstiftung gGmbH im at the Sinclair-Haus, Bad Homburg, in Zusammenarbeit mit dem in cooperation with Museum Wiesbaden (Ausstellungskatalog exhibition catalogue)

»Tod – 22 Kunstwerke«, Deutsche Gesellschaft für christliche Kunst, München Munich (Ausstellungskatalog exhibition catalogue)

»Offene Ateliers«, Atelierhaus Baumstraße, München Munich

2011
»im zimmer der prinzessin«, Debütantin der debutante of GEDOK München e. V., Katalogpräsentation catalogue presentation, galerieGEDOKmuc, München Munich (Einzelausstellung, Ausstellungskatalog solo exhibition, exhibition catalogue)

2010
»SHIVERING TUNES«, Kunstsommer 2010 – 2. Zyklus, Meisterschüler der 2010 Art Summer, 2nd cycle, Master Students of the Akademie der Bildenden Künste München Munich, Kunstverein Oberhausen

»Eitner-Härtel-Märkl-Egger«, Galerie MaxWeberSixFriedrich, München Munich

»An die Natur«, ALTANA Kulturstiftung gGmbH, Galerie für Zeitgenössische Kunst, Leipzig (Ausstellungskatalog exhibition catalogue)

»An die Natur«, zeitgenössische Kunst aus der Contemporary Art from the ALTANA Kunstsammlung, Langen Foundation, Neuss (Ausstellungskatalog exhibition catalogue)

2009
»Natur und Schöpfung«, ALTANA Kulturstiftung gGmbH im at the Sinclair-Haus, Bad Homburg (Ausstellungskatalog exhibition catalogue)

»Jahresgaben«, Tanzschule, München Munich

»Wunderkammer«, Die Färberei, München Munich

2008
»FAVORITEN 08 – Neue Kunst in München«, Städtische Galerie im Lenbachhaus, München Munich (Ausstellungskatalog exhibition catalogue)

»Traumbilder«, Ovalsaal der rotunda of the Residenz, Bayerische Akademie der Schönen Künste, München Munich (Einzelausstellung solo exhibition)

2006
»modern06 – Zeitgenössische Tendenzen«, Max-Joseph-Saal, Residenz München Munich Residenz

»tanz mit mir«, AkademieGalerie der Akademie der Bildenden Künste, München Munich (Einzelausstellung solo exhibition)

»Eremiten. Studenten der Klasse Stephan Huber«, Reihe Junge Kunst im Young Art Series at the Diözesanmuseum Freising

»Im Dunkeln erlebt man von Neuem einen kostbaren Schrecken«, Galerie SixFriedrich-LisaUngar, München Munich

»Hermann-Götz-Preis 2006«, Künstlerhaus Marktoberdorf, Museum für zeitgenössische Kunst

2005
»1067 KM«, Klasse class of Stephan Huber, Kreuzherrnsaal, Memmingen

2004
»ausflug«, Deutsches Zentrum für Luft- und Raumfahrt (DLR) Oberpfaffenhofen, Weßling

2003
»Ausstellung zum 12. Kunstpreis der Stadt Aichach 2003«, Kreuzgratgewölbe, Kunstverein Aichach e. V.

KUNST IM ÖFFENTLICHEN RAUM . WORKS IN PUBLIC SPACE

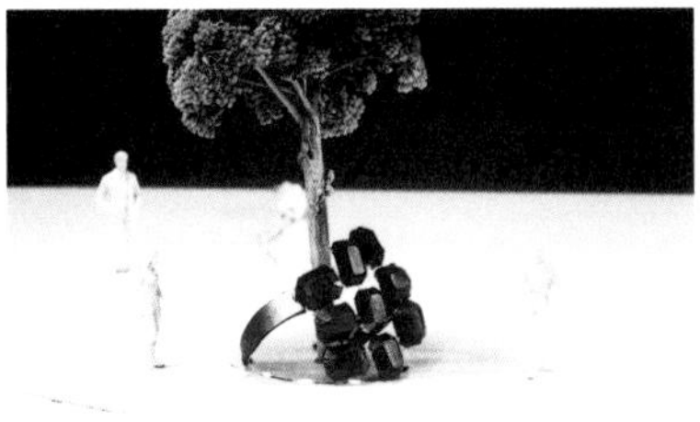

2017
»Für Euch«, Denkmal zur Erinnerung an alle Opfer des Amoklaufs vom 22.7.2016 im Auftrag der Landeshauptstadt München Memorial commemorating the victims of the shooting rampage of 22 July 2016, commissioned by the City of Munich, Olympia-Einkaufszentrum, München Munich (siehe oben see above)

»Heiliger Augustinus von Hippo«, Statue für das Westportal der Stadtpfarr- und Kollegiatsstiftskirche St. Martin in Landshut im Auftrag des Erzbistums München und Freising Statue for the west portal of the Stadtpfarr- und Kollegiatsstiftskirche St. Martin in Landshut, commissioned by the Archdiocese of Munich and Freising

2015
»Bruder Peter Friedhofen«, Statue in der Westapsis der Hohen Domkirche St. Peter zu Trier, im Auftrag des Domkapitels und des Ordens der Barmherzigen Brüder Statue in the west apsis of the Hohe Domkirche St. Peter zu Trier, commissioned by the cathedral chapter and the Hospitaller Order of the Brothers of Saint John of God

2013
»Eloise«, 12. RischArt_Projekt
»Es war einmal ...«, Alter Botanischer Garten, München Munich

»Ohne Titel«, QUIVID, Kommission für Kunst am Bau und im öffentlichen Raum der Stadt München, Kinderkrippe Day nursery, Ammerstraße 3, München Munich

2011
»Maria Immaculata«, Neuinterpretation des 21. Jahrhunderts der »Atteler Madonna« von Ignaz Günther am Seitenaltar der ehem. Klosterkirche St. Michael 21st-century reinterpretation of Ignaz Günther's *Atteler Madonna*, side altar of the former Klosterkirche St. Michael, Attel

ABBILDUNGSVERZEICHNIS . LIST OF WORKS

Rapunzel, 2016
168 × 150 × 98 cm, Bronze, Privatsammlung Private collection

S. p. 24
Rapunzel, 2013, Entwurfszeichnung Draft

S. p. 72
Ohne Titel, 2008
175 × 150 cm, Bleistift und Pigmentliner auf Papier Pencil and pigment liner on paper, Privatsammlung Frohwitter

S. p. 74
Eloise, 2013
103 × 57 × 52 cm, Polymergips Polymer plaster, Courtesy Galerie MaxWeberSixFriedrich, München Munich

S. p. 76
Ohne Titel, 2005
96 × 83 × 34 cm, Polyurethan-Gießharz, seidenmatt weiß lackiert, Dentalgips Polyurethane cast resin, semi-gloss white lacquered dental plaster, Privatsammlung Christa Döttinger, München Munich

S. p. 78
Heiliger Augustinus von Hippo, 2017
36 × 16 × 15 cm, Keramik Ceramic

S. p. 79
Bruder Peter Friedhofen, 2015
183 × 103 × 68 cm, Gips und Holz Plaster and wood

S. p. 80
Verwandlungen, Ausstellungsansicht Installation view, 2012
Reihe Junge Kunst im Young Art Series at the Diözesanmuseum Freising

S. p. 82
Maria Immaculata, 2011
47 × 31 × 21 cm, Dentalgips Dental plaster

S. p. 84
Ohne Titel, 2008
Sockelplatte 188 × 130 cm, Polyurethan-Gießharz, seidenmatt weiß lackiert Polyurethane cast resin, semi-gloss white lacquered, ALTANA-Kunstsammlung, Bad Homburg

S. p. 85
FAVORITEN 08 – Neue Kunst in München, Ausstellungsansicht Installation view, 2008
Städtische Galerie im Lenbachhaus, München Munich

S. p. 86
tanz mit mir, 2006
75 × 19 × 14 cm, Dentalgips Dental plaster, Privatsammlung Lisa Ungar, Wien Vienna

S. p. 87
Ohne Titel, 2012
38 × 30 × 30 cm, Dentalgips Dental plaster, Courtesy Galerie MaxWeberSixFriedrich, München Munich

S. p. 88
Ohne Titel, 2005
77 × 49 × 46 cm, Polyurethan-Gießharz, seidenmatt weiß lackiert Polyurethane cast resin, semi-gloss white lacquered, Sammlung Lorenz, München Munich

S. p. 90
Ohne Titel, 2004
36 × 12 × 32 cm, Polyurethan-Gießharz, seidenmatt weiß lackiert Polyurethane cast resin, semi-gloss white lacquered

S. p. 95
Für Euch, 2017
250 × 330 cm, Edelstahlring mit neunteiliger Ringkrone Stainless steel ring with nine-part ring head

IMPRESSUM . COLOPHON

Erschienen im Published by:
Hirmer Verlag GmbH
Nymphenburger Straße 84
80636 München

Konzeption und Text Concept and text:
Petra Giloy-Hirtz

Gestaltung und Satz Layout and typesetting:
Christian Schmid, München Munich

Alle Kunstwerke All artworks:
© Elke Härtel

Bildnachweis Image credits:
Thomas Dashuber: Cover, Vorsatz 1, S. pp. 4–7, 9, 28–32, 80, 82, 83, 86–89, Nachsatz 2
Elke Härtel: Vorsatz 2, S. pp. 24, 37, 47–49, 51, 52, 54, 57–60, 63–66, 78, 90
Christian Schmid: S. pp. 34, 36, 38, 41–45, 75, Nachsatz 1
Janna Nadjejda Ribow: S. pp. 79
Katharina Weishäupl: S. pp. 92
Max Reitmeier: S. pp. 91
Roland Herzog: S. pp. 74
Walter Bayer: S. pp. 76, 84, 85
Fabian Perfler: S. pp. 72

Deutsches Lektorat und Korrektorat
German copy editing and proof reading:
Stefanie Adam, München Munich
Übersetzung Translation:
Bram Opstelten, Richmond
Englisches Lektorat English copy editing:
Vanessa Magson-Mann
Englisches Korrektorat
English proof reading: Jane Michael

Hirmer Projektmanagement Hirmer project management: Rainer Arnold
Lithografie Pre-press and repro:
Reproline Genceller, München Munich

Druck und Bindung Printing and binding:
Druckerei Vogl, Zorneding
Papier Paper: Munken Print White $150 g/m^2$
Printed in Germany

Bibliografische Information der Deutschen Nationalbibliothek
Die Deutsche Nationalbibliothek verzeichnet diese Publikation in der Deutschen Nationalbibliografie; detaillierte bibliografische Daten sind im Internet über http://www.dnb.de abrufbar.
Bibliographic information published by the Deutsche Nationalbibliothek
The Deutsche Nationalbibliothek lists this publication in the Deutsche Nationalbibliografie; detailed bibliographic data is available on the Internet at http://www.dnb.de.

ISBN 978-3-7774-2927-4

www.hirmerverlag.de
www.hirmerpublishers.com

Besonderer Dank an Special thanks to:
Richard und Bettina Kriegbaum
Petra Giloy-Hirtz
Christian Schmid
Linne
Karel Fron
Petra Lüer
Dirk Wagner
Bronzegießerei Niedermeier
Diego Perathoner
Florian Froese Peeck
Max Bieg
Domino Pyttel
und vor allem an and especially to
meine Eltern Lydia und Volkmar

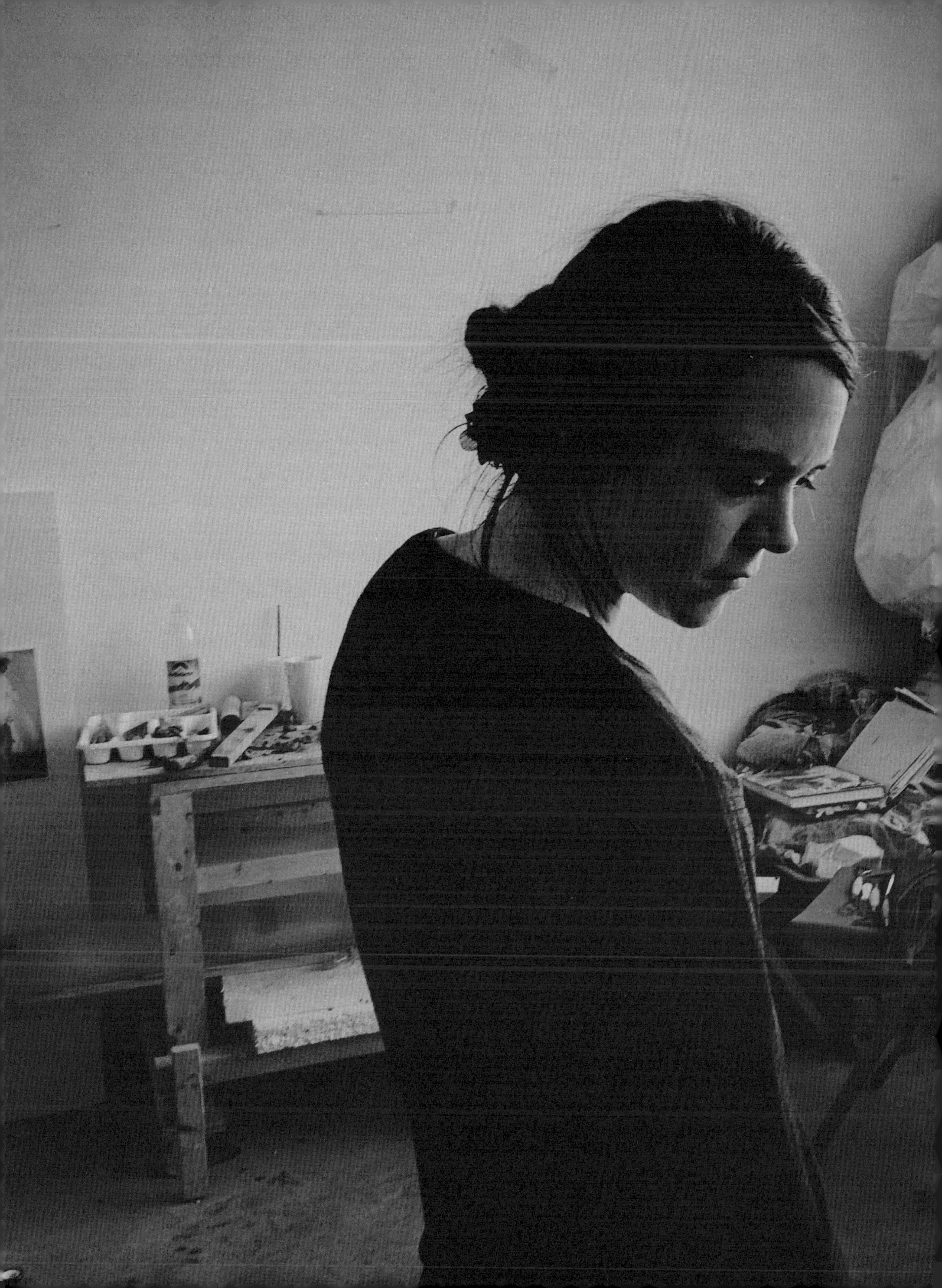

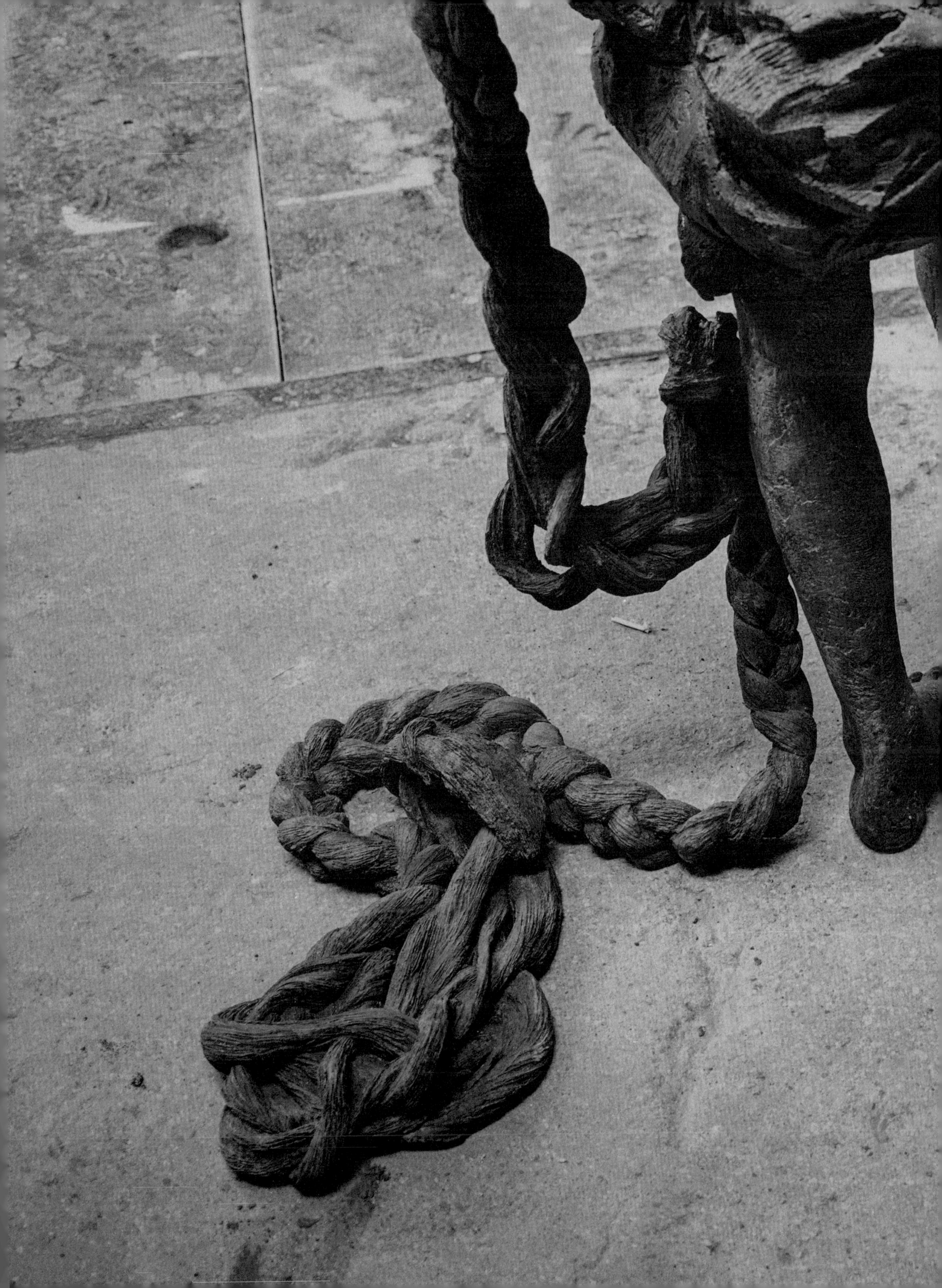